삼보와 삼학

삼보와 삼학

초 판 1쇄 펴낸날   2021년 1월 27일
         2쇄 펴낸날   2022년 6월 9일

지은이   원산스님
펴낸이   김연지
펴낸곳   효림출판사

등록일   1992년 1월 13일 (제2-1305호)
주 소   서울특별시 서초구 반포대로14길 30, 907호 (서초동, 센츄리 I)
전 화   02-582-6612, 587-6612
팩 스   02-586-9078
이메일   hyorim@nate.com

값 6,500원

ⓒ 효림출판사 2021
ISBN   979-11-87508-53-3 (03220)

삼보와 삼학

원산스님 지음

효림

서 문

불교란 무엇인가?

누가 묻는다면 '삼보와 삼학'이라고 대답할 것이다.

이 삼보와 삼학 속에 전체 불교가 다 들어있고,

우주 삼라만상과 삼천대천세계가 모두 이 속에 있다.

질문을 바꾸어 보자.

불자는 무엇을 믿는가?

불·법·승 삼보를 믿는다.

불자들은 무엇을 닦아야 하는가?

계·정·혜 삼학을 닦아야 한다.

그렇다면 불자가 가장 먼저 알아야 할 교리는?

당연히 삼보와 삼학이다.

이 산승은 불교신행연구원으로부터 삼보와 삼학에 대한 글을 써달라는 부탁을 받았다. 방대한 가르침을 담고 있는 삼보와 삼학을 몇 마디의 말로 어찌 다 설할 수 있으랴마는, 그 중심되는 내용을 딱딱하지 않고 부드럽게, 핵심을 찾아 알기 쉽게 풀어 써서, 2020년 4월부터 12월까지 월간 법공양에 연재하였고, 이제 불교교리총서 중의 한 권으로 엮어 세상에 내어 놓게 되었다.

　부디 많은 불자들이 이 책을 통하여 불·법·승 삼보에 대한 바른 믿음을 세우고, 계·정·혜 삼학을 닦아 무애자재한 삶을 이루기를 축원드리면서 서문에 갈음하는 바이다.

　나무아미타불.

불기 2545년 새해를 맞이하며
통도사 백련정사에서
원산 합장

차 례

불·법·승 삼보
佛 法 僧 三寶

석가모니! 부처님 되기까지!

법과 일체유심조

삼법인과 사성제

대승불교와 육바라밀

승보僧寶에 대하여

모두가 다 알고 있듯이, 삼보는 불자의 세 가지 귀의
처인 불보佛寶·법보法寶·승보僧寶입니다. 바꾸어 말하
면 '불·법·승 삼보가 곧 불교'라고 할 수 있습니다.
불교가 있는 곳에는 반드시 삼보가 있어야 하고, 불자
의 삶 또한 삼보와 함께 하기 때문입니다.

곧 사람들은 삼보에 귀의하여 승가의 일원이 됨으로
써 불자로 태어나고, 삼보의 은혜 아래 살다가 영원한
삼보의 세계로 들어가는 것입니다.

그럼 이 삼보는 언제 비로소 생겨난 것인가? 역사적
으로 볼 때 삼보의 성립은 석가모니불의 성도成道로부
터 시작됩니다.

석가모니께서는 35세 되던 해 12월 8일의 이른 새벽
에 생로병사生老病死의 근본 원인을 완전히 끊어버리는
큰 깨달음을 얻게 되었습니다. 큰 깨달음을 통하여 더
이상은 어떠한 경계에도 흔들리지 않고 어떠한 번뇌도
일어나지 않는 절대적정絕對寂靜의 경지를 실현하게 된
것입니다. 동시에 석가모니가 우주와 인생의 진리인 법
法을 깨달은 사람, 곧 부처(佛, buddha)가 되었다는 확

신을 갖게 됨으로써 이 땅에 최초로 불보가 생겨나게 되었습니다.

성도한 뒤 석가모니불께서는 깨달은 진리를 한동안 혼자서만 즐기다가, 참된 법열法悅을 다른 사람들에게 나누어 주기 위해 지난날 함께 고행苦行을 했던 다섯 사람의 수행자를 찾아 바라나시 교외의 녹야원鹿野苑으로 갔습니다.

이때 부처님께서는 쾌락과 고행의 양극단을 배제하는 중도中道와 사제四諦·팔정도八正道·십이인연十二因緣 등의 법法을 설하였으며, 이 설법을 듣고 최초의 승려인 5비구五比丘가 나타나게 되어 불·법·승 삼보를 모두 갖추게 된 것입니다.

이들 초기 불교의 삼보는 불교교리가 발달함에 따라 차츰 영역을 넓히고 있습니다. 하지만 여기에서는 아주 근본적인 삼보에 대해서만 논하고자 합니다.

불보에 대해서는 불자들이 잘 알고 있기 때문에 불교의 교조인 석가모니불에 한정하되, 탄생에서 부처가 되기까지에 대해서만 기술합니다.

또 부처님의 가르침인 법보는 불자들이 잘 알아야 할 내용이기 때문에 보다 상세히 살펴 보고자 합니다. 곧 법의 정의와 생활 속의 법, 불교의 가장 근본되는 교리인 삼법인·사성제·팔정도, 대승불교의 육바라밀을 중심으로 설합니다.

그리고 승보는 승가를 구성하는 일곱 대중과 승가의 기본 정신이 무엇인가에 대해 글을 엮습니다.

이제 이들을 보다 자세히 들여다 봅시다.

석가모니!
부처님 되기까지

싯다르타 태자의 탄생

불교의 교조教祖는 석가모니불입니다. 따라서 불자들은 석가모니불이 어떻게 부처가 되었는지를 가장 먼저 알아야 합니다. 그러므로 석가모니불의 탄생에서부터 성불까지를 함께 살펴 우리들의 신심을 굳건히 다지고자 합니다.

석가모니불의 '석가釋迦(Sākya)'는 종족의 이름이며, 이 석가라는 단어 속에는 '능하고 어질다', '크게 어질다'라는 뜻이 담겨 있습니다. '모니'는 성자라는 뜻입니다. 곧 석가모니는 '석가족의 성자'라는 뜻입니다.

석가모니께서 부처가 될 인연처와 중생을 교화할 터전으로 선택한 나라는 카필라국입니다.

카필라국은 인도 북부의 비옥한 땅을 가진 평화로운 나라인데, 부처님께서는 이 카필라국의 왕인 정반왕淨飯王(Śuddhodona)과 왕비 마야摩耶(Mahamāyā) 부인을 부모로 선택했습니다.

정반왕은 불행히도 나이 마흔이 넘었지만 왕위를 이을 왕자를 얻지 못하였으며, 마야부인은 이에 대한 책임을 깊이 통감하여 지성으로 천지신명께 빌고 또 빌었습니다.

그러던 어느 날, 마야부인은 상아 여섯 개를 가진 흰 코끼리가 하늘에서 내려와 오른쪽 옆구리로 들어가는 꿈을 꾸었습니다. 정반왕은 곧 이 꿈을 풀이해 줄 사람을 불렀으며, 그 해몽가로부터 '거룩한 태자를 얻을 길몽'이라는 말을 듣고 매우 기뻐하였습니다.

마침내 달이 차서 출산의 시기가 다가왔을 때, 마야부인은 아기를 낳기 위해 당시의 풍습대로 친정인 코올리국으로 떠났습니다.

때는 화창한 4월 초순, 마야부인의 일행이 룸비니동산에 이르렀을 때 아름다운 꽃들은 한껏 향기를 내뿜

었고, 각양각색의 새들은 기쁨의 노래를 불렀습니다.

마야부인이 이 평화롭고 아름다운 룸비니동산에서 심신이 맑아짐을 느끼며 오른손으로 무우수無憂樹(우담발라) 가지를 잡고 무한한 희열에 잠겼을 때, 석가모니는 어머니에게 아무런 고통을 주지 않고 자연스럽게 태어났습니다.

태자가 탄생하자 룸비니 동산은 오색의 서기가 가득한 구름으로 덮였고, 향기로운 바람이 나부끼는 등 서른네 가지의 상서祥瑞가 나타났습니다.

태자는 태어나자마자 사방으로 일곱 발자국씩 걸으면서, 한 손으로는 하늘을 가리키고 한 손으로는 땅을 가리키며 외쳤습니다.

하늘 위와 하늘 아래 나 하나 홀로 높네
끝없는 나고 죽음 이에서 다하리라
나 이제 이 세상에서 모든 중생 건져 내리
　　天上天下　唯我獨尊　천상천하 유아독존
　　無量生死　於今盡矣　무량생사 어금진의
　　此生濟度　一切人天　차생제도 일체인천

"나 하나 홀로 높다"는 말씀 속의 '나'는, 어느 한 개인의 '나'가 아니라 모든 이들이 다 갖추고 있는 '참된 나', 바로 불성佛性을 가리키는 말입니다.

이 불성이야말로 하늘 위 하늘 아래 홀로 높고 가장 존귀한 것임을 천명하기 위해, 불성을 찾아서 드러낼 때 그 존재는 가장 높고 위대한 '모니'가 된다는 것을 깨우치기 위해 '천상천하 유아독존'을 외친 것입니다.

특별한 의미와 특별한 모습으로 이 세상에 태어난 태자의 이름은 '모든 것을 남김없이 성취한다'는 뜻의 싯다르타悉達多(Siddhārtha)로 정해졌습니다. 하지만 어머니 마야부인이 태어난 지 7일 만에 세상을 떠나는 불행을 만났습니다.

싯다르타태자의 양육은 곧바로 마야부인의 친동생인 마하파사파티에게로 맡겨졌고, 아버지 정반왕과 이모 마하파사파티의 지극한 보살핌 속에서 태자는 무럭무럭 자라났습니다.

여덟 살이 되었을 때 정반왕은 국내에서 가장 우수한 학자와 무술가들을 초빙하여 태자를 가르치게 하였는데, 태자는 어떠한 공부에나 열심이었습니다.

늘 불가사의한 힘이 샘솟았던 태자는 새벽부터 온종일을 학문과 무예 연마에 몰두하였고, 마침내 60여 종의 경전과 29종의 무술을 모두 통달하였습니다.

이때까지 태자는 인생의 무상無常이라는 것을 몰랐습니다. 마냥 열심히 살고 배움과 성취의 기쁨 속에서 살았습니다.

하지만 모든 사람이 무상을 느끼는 때가 있듯이 태자에게도 그런 기회가 다가왔습니다.

태자의 최초 명상

열두 살 되던 해의 이른 봄, 태자는 정반왕을 따라 농경제農耕祭에 참석했습니다. 그런데 궁중에서 호화롭게만 살아왔던 태자에게는 백성들의 밭 가는 모습이 말할 수 없는 충격으로 다가섰습니다.

파리한 농부들은 쟁기를 멘 소를 몰면서 비지땀을 흘렸고, 소는 채찍질을 당하면서 밭을 갈아엎었습니다. 그때마다 땅 속의 벌레들이 쟁기날에 찢기고 끊어진 채 땅 위로 노출되었는데, 이 벌레들을 각종 새들이 재빨리 날아들어 쪼아먹는 것이었습니다. 놀란 태자는 나무 밑으로 자리를 옮겨 앉아 깊은 사색에 잠겼습니다.

'모든 생명들은 살기 위해 이 세상에 난 것이다. 그런데 어째서 국왕은 백성을 부려먹고, 농사짓는 백성은 소를 부려먹는 것인가? 또 약한 벌레들은 밭 가는 쟁기의 날에 찢긴 채, 재빠른 새들에게 쪼아먹히고 있으니…. 이것은 있을 수 없는 일이다. 차마 볼 수 없는 모습들이다.'

눈앞에서 아무렇지도 않게 이루어지고 있는 미물의

고통과 죽음…. 그러나 태자에게는 그 벌레들이 겪었을 공포와 고통이 남의 일 같지가 않았습니다.

비로소 태자는 중생의 고통스러운 삶과 죽음에 대해 생각하게 되었습니다. 그와 동시에 오랫동안 잊고 지냈던 어머니의 죽음을 떠올렸습니다.

태자의 눈에는 눈물이 괴어 흘렀고, 죽는다는 것이 얼마나 불행한 일인가를 뼛속 깊이 느꼈습니다.

그날부터 태자의 마음속에는 큰 태풍이 일기 시작했습니다.

'고통과 죽음이 없는 삶!'

태자의 겉모습은 맑게 개어 있었지만, 이 문제에 대한 생각은 끊일 줄을 몰랐습니다. 세월이 흐를수록 태자는 명상에 잠기는 일이 많았습니다.

이에 불안해진 정반왕은 '고통과 죽음에 대한 생각'이 전혀 일어나지 않게끔 세 개의 궁전을 지었습니다. 여름철에 머무를 시원한 궁전, 겨울철에 머무를 따뜻한 궁전, 봄과 가을에 거처할 춥지도 덥지도 않은 궁전 등 '삼시전三時殿'을 지은 것입니다.

동시에 정반왕은 태자비의 간택을 서둘렀습니다. 좋

은 아내를 만나 하루 속히 마음의 안정과 삶의 행복을 만끽할 수 있기를 바랐던 것입니다.

19세의 젊은 싯다르타 태자도 그 나이답게, 여인에 대한 아름다운 꿈과 동경을 갖고 있었기 때문에, 이웃나라 선각왕善覺王의 딸 야쇼다라耶輸陀羅를 아내로 맞이하게 됩니다. 착한 야쇼다라의 마음씨 앞에 태자의 마음은 봄눈 녹듯 풀어졌고, 둘은 행복한 표정으로 함께 뜰을 거닐기도 하였습니다.

그렇게 일 년 또 일 년, 10년 가까운 세월은 무심히 흘렀고, 세월 따라 태자는 무엇인가를 잃은 듯 굳은 표정을 짓는 때가 많아졌습니다. 그리고 밤이 되면 홀로 출가를 생각하며 괴로워했습니다.

누구도 이러한 태자의 마음을 알지 못하였지만, 야쇼다라는 태자가 밤중에 일어나 깊은 명상에 잠기는 것을 보았습니다. 하지만 태자의 엄숙하고 거룩한 모습에 야쇼다라도 혼자 마음을 삭여야 했습니다.

그러나 태자가 출가의 뜻을 굳힐 계기는 마침내 찾아들고 말았습니다. 동서남북의 사문四門을 유관游觀하면서 늙음과 병과 죽음의 고통, 그리고 출가수도인의 성스러운 모습을 본 것입니다.

24

사문유관과 출가

　29세 때의 이른 봄날, 태자는 바깥세상을 구경하기 위해 성의 동쪽 문으로 나갔습니다. 그런데 지팡이에 의지하여 간신히 걸어가는 노인의 모습이 보이는 것이었습니다. 머리카락은 하얗고 몸은 여윌 대로 여위어 가죽과 뼈가 붙었으며, 이빨은 죄다 빠진데다 지적지적 눈물과 콧물을 흘리면서 숨을 헐떡거리고 있는 늙은이의 모습이었습니다.

　며칠 후 남문으로 나갔을 때는 병에 걸려 신음하는 사람을 만났습니다. 거무죽죽한 얼굴에 배는 북통처럼 부어오르고 톱질하는 것 같은 숨소리를 토하는 그는 자신이 토해낸 오물 위에 쓰러졌습니다.

　또 며칠 후 서쪽 문으로 나갔을 때는 한 시체를 상여 위에 싣고 네 사람이 메고 가는 모습이 보였습니다.

　이 늙음과 병듦과 죽음의 모습을 본 다음 태자는 곧바로 왕궁으로 돌아와 각각 7일 동안의 명상에 잠겼습니다.

　네 번째 북쪽 문으로 나갔을 때, 이번에는 앞의 세 모습과는 전혀 다른 출가사문出家沙門의 거룩한 모습이 보였습니다. 태자가 '출가를 하면 어떤 이로움이 있는지'를 묻자 사문은 말했습니다.

"나는 출가하여 바른 법을 실천함으로써, 관능을 이기고 큰 자비를 일으켜 사람들에게 편안함을 안겨줍니다. 생각과 행동이 조화되어 중생을 보호하고, 세간의 더러움에 물들지 않으며, 영원히 해탈할 수 있는 것이 출가의 법입니다."

그 순간 태자는 말할 수 없는 기쁨을 느꼈습니다.
'이 길이야말로 내가 찾던 길이다. 더 이상 망설일 것이 없다. 이제 이 길을 걷도록 하자.'
마침내 태자가 출가를 하여 나고 죽는 하나의 큰일, 곧 생사일대사生死一大事를 해결하고야 말겠다고 결심을 굳혔을 때, 결정적인 운명과 마주서게 되었습니다. 유일한 혈육인 아들이 태어난 것입니다.
싯다르타 태자가 29세 되던 해 2월 8일, 태자는 아내 야쇼다라가 아들을 낳았다는 소식을 들었습니다. 마땅히 크게 기뻐해야 할 일이었으나 태자는 깊이 탄식을 하며 소리쳤습니다.

"라후라!"

그리하여 아들 이름이 '라후라羅睺羅'가 되고 말았는데, 라후라는 '장애障碍'라는 뜻입니다.

장애! 왜 싯다르타 태자는 하나뿐인 소중한 아들의 이름을 라후라라고 지어주었을까요?

끊으려야 끊을 수 없는 핏줄, 그 은애恩愛의 굴레가 한 사람 더 늘면 그만큼 도를 닦고자 하는 결심을 늦추게 될 수 있다고 보았기 때문입니다. 마침내 태자는 그날을 출가의 날로 정하였고, 모든 사람들이 잠에 빠진 한밤중에 새근새근 잠들어 있는 라후라와 야쇼다라를 한참동안 바라보다가 방을 나섰습니다.

태자는 마부가 살고 있는 집으로 다가가 낮은 목소리로 마부 찬다카를 깨웠고, 백마 '칸타카'를 타고 카필라의 성을 벗어났습니다.

'위없는 깨달음〔無上菩提〕을 얻기 전에는 결코 이곳으로 돌아오지 않으리라!'

태자는 동쪽으로 밤새워 말을 달려 카필라성 교외의 아노마강에 이르렀고, 깊은 숲으로 들어가 명상에 잠겼습니다. 그리고 명상에서 깨어나 허리에 차고 있던 보배칼을 뽑아 머리칼을 잘랐으며, 지나가던 한 사냥꾼이 입고 있던 감색의 법의法衣와 보석으로 장식된 자신의 옷을 바꾸어 입었습니다.

이렇게 함으로써 싯다르타 태자는 출가사문의 모습을 갖추게 되었습니다. 10여 년 동안 그토록 갈구했던 출가사문의 길로 뛰어들게 된 것입니다.

우리는 흔히 출가를 '입산수도入山修道'라고 합니다. 시끄러운 세속에서 조용한 산으로 들어가는 것으로 알고 있습니다.

그런데 싯다르타는 산이 아니라 많은 종교가 있고 많은 학자가 머물고 있는 바이샬리로 갔습니다. 그곳에서 종교의 지도자와 고행자와 철학자를 찾아다니며 인생의 진리를 배우고 도를 익히고자 한 것입니다.

특히 당시의 바라문 사상을 부정하고 걸식을 하면서 혁신적인 수행을 하는 사문沙門들이 있었는데, 그들 중 고행주의자인 박가와를 먼저 만났고, 이어 당대의 사상가이자 종교가인 '알라라 깔라마'와 '웃다까 라마뿟다'를 찾아가서, 그들이 체득한 최고의 선정禪定 단계를 체험했습니다. 그러나 그것은 완전한 깨달음이 아니었습니다.

고행과 마왕

싯다르타는 여러 스승들의 가르침을 바탕으로 처음부터 다시 시작하기로 결심하였습니다. 그래서 마갈타국 가야伽耶라는 곳에서 멀지 않은 우루빌라촌의 숲속으로 갔습니다.

그리고 '이욕離欲과 적정寂靜'을 이루기 위한 고행을 시작했습니다. 그 고행은 숲속에서 고요히 선정을 닦되, 하루 쌀 한 숟가락과 참깨 한 움큼을 먹으며, 또는 쌀 한 낱알과 깨 한 알만을 입에 넣고 동요됨이 없는 마음으로 앉아 있는 것이었습니다.

베옷 한 벌로 몸을 겨우 가리고, 몸을 씻거나 머리를 깎지도 않았습니다. 바람이 불거나 비가 오거나, 겨울이나 여름이나 한 모양으로 자리를 뜨지 않았습니다.

이렇게 5년 동안 수행을 한 싯다르타는 다시 우루벨라 연못가로 옮겨 고행을 계속했습니다.

여러 가지 무리한 고행을 통하여 싯다르타는 육체를 정복하였지만, 근본적으로 바라는 깨달음은 얻을 수가 없었습니다. 때로는 해탈의 삼매경에 잠기기도 하였지만, 삼매에서 깨어나면 다시 현실의 고통이 싯다르타보살의 피와 살을 파고들었습니다.

지나친 고행…. 보살은 오장이 마르고 기력이 다하여 땅에 쓰러졌습니다.

마침내 싯다르타보살은 극단적인 고행에 의해서는 최고의 깨달음에 도달할 수 없음을 깨닫고 6년 동안의 고행을 버리고 중도中道의 수행법을 택했습니다.

그렇다면 싯다르타의 6년 고행이 헛된 것이었을까요?

아닙니다. 결코 헛된 수행이 아니었습니다. 그것은 태자가 쓰러졌을 때 나타나 속삭였던 마왕魔王 파순波旬과의 대화 속에 잘 나타나 있습니다.

마왕은 탈진한 채 쓰러져 있는 보살에게 부드러운 음성으로 말했습니다.

"세상에서 목숨처럼 소중한 것은 없소. 목숨이 있어야 종교의 이상향에 도달할 수 있소. 당신과 같은 고행의 방법으로는 만에 하나도 성공할 가능성이 없다오. 마음을 억제한다거나 번뇌를 끊는다는 것은 당초부터 무리한 일이었소.

이제 고행을 그만두도록 하시오. 훨씬 쉬운 방법이 얼마든지 있지 않소? 바라문들이 하는 것처럼 불을 섬기거나 제물을 바치면 얼마든지 공덕이 쌓일 것이오."

싯다르타보살은 이에 대해 단호히 답했습니다.

"마왕이여, 내가 구하고 있는 것은 단순한 이익이 아니다. 목숨은 언젠가 죽음으로 끝나는 법! 나는 죽음을 두려워하지 않는다. 고행을 계속하면 육체나 피는 말라버리지만 내 마음만은 항상 고요히 가라앉는다. 의욕과 노력과 정신통일이 내게는 갖추어져 있다. 그 위에 지혜도 있다. 헛되이 살아서 무엇을 할 것인가!"

이어서 보살은 수도에 방해가 되는 마魔의 실체를 밝힙니다.

"마왕이여, 나는 너의 군대를 잘 알고 있다.
제1군은 애욕이다. 제2군은 의욕상실이요, 제3군은 굶주림과 목마름이며, 제4군은 갈망이다. 제5군은 비겁이요, 제6군은 공포이고, 제7군은 의혹이며, 제8군은 분노이다. 그리고 제9군은 슬픔이요, 마지막 제10군은 명예욕이다.

　자, 어떠냐? 나는 이와 같은 너의 군대와 싸우겠노라. 나는 바르게 생각하고 바르게 알고 있다."

이와 같이 확신에 찬 보살의 말을 듣고 마왕은 맥없이 물러났습니다.

그렇습니다. 싯다르타보살은 6년 고행을 통하여 모든 마왕의 군대를 물리쳤습니다. 수행을 하다가 수행을 포기하게 하는 마구니를 10가지로 든 것입니다. 곧,

① 애욕 때문에 포기하고
② 의욕을 상실하여 포기하고
③ 굶주림을 못 견뎌 포기하고
④ 남이 어떻게 해주기를 바라는 갈망 때문에 포기하고
⑤ 욕구와 타협하는 비겁한 마음 때문에 포기하고
⑥ 미래에 대한 두려움이 자꾸 쌓여 포기하고
⑦ 과연 이룰 수 있을까 하는 의혹 때문에 포기하고
⑧ 뜻밖의 분노와 원망에 휩싸여 포기하고
⑨ 슬픔 등의 감정에 얽혀 포기하고

⑩ 명예를 추구하다가 도를 포기하게 됩니다.

부처님은 6년 고행을 통하여 이 열 가지 장애를 극복하신 것입니다.

그러나 우리들은 부처님처럼 처절한 고행을 할 필요가 없습니다. 이미 부처님께서 행하여 보고 중도中道라는 새로운 길을 닦아주셨기 때문입니다.

우리는 그 중도의 길을 따라 걸어가면 됩니다. 다만 부처님께서 마왕에게 지적한 애욕·의욕상실·굶주림·갈망·비겁·공포·의혹·분노·슬픔·명예욕 등을 잘 극복하면서….

중도의 수행과 성불

싯다르타보살이 뼈를 깎는 고행을 통하여 얻은 것은 결코 얻고자 했던 깨달음이 아니었습니다. 스스로를 극복하고 이겨내는 방법이었을 뿐….

순간, 싯다르타보살의 머리에는 어린 시절 농경제農耕祭에 참가하고 회의를 느껴, 홀로 나무 아래 앉아 명상에 잠겼던 일이 스치고 지나갔습니다.

그 당시 12살의 태자는 육체도 정신도 모두 잊는 무아無我의 상태가 되어 '모든 생명을 나와 조금도 다름없이 보는 삼매三昧' 속에 젖어 들었습니다.

이렇게 어린 시절의 경험을 회상한 보살은 육체와 정신을 둘로 나눈 채 위없는 깨달음을 구하는 이상에는 최상의 경지에 이를 수 없다는 것을 깊이 느낍니다.

나아가 괴로움의 연속인 생사生死의 세계와 괴로움의 불이 완전히 꺼진 열반涅槃의 세계가 따로 존재하는 것이 아님을 느낍니다.

또한 고행을 통하여 생사의 세계를 완전히 뛰어넘어야 열반의 경지에 도달하게 된다는 이제까지의 고정

관념부터 탈피해야 됨을 느낍니다.

오직 삼매의 수행을 통하여 육체와 정신, 쾌락과 고행, 선악善惡·시비是非·생사生死·유무有無 등의 상대적인 것들을 모두 떠난 중도中道의 길에 들어서야 진리를 체득할 수 있음을 깨달은 것입니다.

드디어 싯다르타보살은 위없는 깨달음을 이루기 위해 그토록 매달렸던 6년 동안의 고행을 미련 없이 버립니다. 그리고는 니련선하尼連禪河 강물 속으로 들어가 목욕을 하고, 강가의 숲속에 앉아 선정에 들었습니다.

그때에 우루벨라 촌장의 딸인 수자타가 보살의 거역할 수 없는 힘에 이끌려 나무의 신에게 바치고자 마련해 온 유미죽乳糜粥을 바쳤고, 보살은 유미죽 공양을 기꺼이 받아먹었습니다. 비길 데 없이 감미로운 유미죽을 다 먹고 나자 기력이 샘솟았을 뿐 아니라, 고행으로 인해 검은색으로 변하였던 피부도 원래의 금빛으로 돌아왔습니다.

싯다르타보살은 위없이 바르고 완전한 깨달음을 이룰 보리도량菩提道場을 향해 나아갔습니다. 곧 니련선하 강물을 건너 전정각산前正覺山 서쪽에 있는 붓다가야에 이르렀습니다.

그리고 풀을 베고 있는 한 사나이로부터 부드럽고 향기가 나는 '쿠샤'풀을 얻어 큰 핍팔라 나무 아래로 갔습니다(핍팔라 나무는 뒤에 부처님이 깨달음을 얻은 인연으로 인해 보리수로 널리 알려지게 됨). 마침 그 나무 밑에는 네모반듯한 바위가 좌대 모양으로 놓여 있었습니다.

'이곳이야말로 보리를 이룰 도량이다.'

이렇게 확신한 보살은 핍팔라 나무 둘레를 세 바퀴 돌아 나무의 신에게 인사를 드린 다음, 동쪽을 향해 풀을 깔고 그 위에 몸을 바로 세워 앉았습니다. 그리고 스스로 맹세했습니다.

'여기 이 자리에서 내 몸은 메말라도 좋다. 가죽과 뼈와 살이 없어져도 좋다. 어느 세상에서도 얻기 어려운 저 깨달음에 이르기 전에는 이 자리에서 결코 일어서지 않으리.'

마침내 12월 8일의 새벽, 싯다르타보살은 동쪽 하늘에서 유난히 반짝이는 샛별을 보는 순간 홀연히 깨달음을 얻었습니다. 나고 죽음의 근본 종자인 무명無明의 뿌리가 끊어지면서 진리 그 자체인 무상정등정각

無上正等正覺을 성취하신 것입니다. 이때 보살은 스스로 감탄했습니다.

"아! 기특하도다. 모든 중생들이 다 이와 같은 지혜와 덕상德相을 갖추었건만, 오로지 망상妄想에 집착되어 스스로 체득하지 못하는구나. 만일 이 망상의 집착만 여읜다면 바로 일체지—切智·자연지自然智·무사지無師智를 얻게 되는 것을!"

이렇게 하여 싯다르타보살은 부처가 되셨습니다. 곧 석가모니불釋迦牟尼佛이 된 것입니다.

그리고 45년 동안 한결같이 길에서 길로 다니며 법을 설하시어, 미혹에 처해 있는 중생을 교화하고 또 교화하시다가 80세 나이로 열반에 드셨습니다.

아, 석가모니불! 비록 부처님께서는 나이 여든으로 이 세상을 떠나셨지만, 그 가르침은 어둔 밤의 등불처럼 끊임없이 우리의 앞길을 밝게 비추어주고 있습니다. 그리고 앞으로도 영원히, 부처님께서는 한없이 크고 아름다운 마음으로 우리를 인도하실 것입니다.

나무 시아본사 석가모니불

법과 일체유심조

법의 정의

부처님의 법은 세간에 있나니
세간을 떠난 깨달음은 없도다
세간을 떠나 깨달음을 구하는 것은
토끼의 뿔을 구하려는 것과 같다

佛法在世間 불법재세간

不離世間覺 불리세간각

離世覓菩提 이세멱보리

恰如求兎角 흡여구토각

불자들은 아침·저녁으로 예불을 드릴 때 '시방삼세

제망찰해 상주일체 달마야중'을 외우며 세 번째 절을
올립니다.

'상주일체常住一切 달마야중達摩耶衆.'
'어느 때나 어느 곳에나 머물러 있는 달마.'

이 달마Dharma가 바로 법法입니다.
범어 '다르마'는 불교에서 처음 사용한 용어가 아닙
니다. 약 4천 년 전의 인도 고대 문헌인 『베다』에 보
이기 시작하다가, 불교 이전의 브라흐만교 성전에서
즐겨 사용되었던 용어입니다.
이 다르마는 '유지한다, 질서秩序를 지킨다'는 뜻의
'다르dhr'라는 동사어근動詞語根에서 파생된 말로써,
처음에는 '~을 유지하는 자, 질서를 지키는 자' 등의
의미로 사용되었습니다.
그러다가 인도철학이 발달하면서 매우 다양한 뜻을
지닌 말로 사용되었는데, 불교에서는 세 가지 측면에
초점을 맞추어 법의 뜻을 설명하고 있습니다.

첫째, 법은 '모든 것[一切]'이라는 뜻입니다.

40

이 세상에 존재하는 것 전체에 대한 총칭일 뿐 아니라, 이 세상에 존재하는 것 하나하나가 다 법이 됩니다. 우리들 의식의 대상이 되는 사물이나 현상·개념 등이 모두 법인 것입니다.

곧 경전에서 '법계法界·제법諸法'이라고 할 때의 법으로, 정신적인 것이건, 물질적인 것이건 대상화되는 일체의 것을 법이라는 말로 표현합니다.

둘째, 법은 해탈의 의지처인 **'부처님의 가르침'**입니다.

이 법을 불교에서는 교법敎法이라고 합니다. 곧 삼보三寶의 하나로서, 팔만대장경에 담겨져 있는 중도·삼법인·사성제·팔정도·육바라밀·공·무아 등의 모든 가르침이 교법입니다.

우리가 좁은 의미에서 '달마'라고 할 때는 부처님께서 설하신 교법, 우리를 해탈의 세계로 인도하는 교법을 뜻합니다. 하지만 부처님께서는 이 교법을 새롭게 만들어 낸 것이 아니라고 하셨습니다.

"내가 이 세상에 나타나기 전에도 이 법은 있었고, 내가 열반에 든 후에도 이 법은 그대로 남아 있다."

석가모니께서는 언제나 있는 이 법을 깨달아 부처가

되셨고, 깨달음을 바라는 중생을 위해 45년 동안 한결같이 이 깨달음의 법을 설하셨습니다.

모든 중생에게 고통과 불안을 덜어주고 행복과 평화로운 삶을 열어주는 부처님의 가르침인 교법, 부처가 될 수 있는 방법을 설한 불법을 가리킵니다.

셋째, 법은 '존재의 법칙'입니다.

범어 '다르마'라는 말 속에는 '그렇게 되게끔 되어 있는 것', '그렇게 있게끔 되어 있는 것'이라는 뜻이 담겨져 있습니다. 지금의 내가 이렇게 있는 까닭, 이 사회가 이렇게 있는 까닭, 이 나라가 이렇게 있는 까닭이 분명히 있다는 것입니다.

이것이 바로 인연법因緣法이요 인과법因果法입니다. 인因(원인)과 연緣(환경)과 업業(행위)과 과果(결과)의 네 글자로 구성된 인과법입니다.

탐욕과 분노와 어리석음에 사로잡힌 삶이 계속되면 지옥·아귀·축생과 같은 고달픈 삶에 빠져들기 마련이요, 보시·지계·인욕 등의 좋은 일을 많이 하면 보다 향상된 세계로 나아가고, 선정과 지혜를 익히면 부처의 경지로 향하게 된다는 불변의 사실을 '그렇게 되게끔 되어 있는 법法'이라고 합니다.

이와 같은 인연법과 인과법에 의해 지금의 '나'는 존재하게 되고, 그 흐름이 연속되어 끊임없이 변화하는 모습을 나타내게 되는데, 존재의 법칙이 되는 이 인연법이야말로 불변의 진리요 부처님 법의 특징이라는 것입니다.

그 어떤 존재도 이 인과법을 벗어날 수는 없습니다. 내 주위의 모든 것은 나의 '인·연·업·과'로 인한 것들입니다. 내가 심고 내가 만들고 내가 짓고 내가 받는 것일 뿐, 신이 만들어 낸 것도 우연히 이루어진 것도 아닙니다.

동시에 이 법에는 정해진 것이 없습니다. 무유정법無有定法입니다. 이제까지 비록 탐욕과 분노와 어리석음 속에서 살았을지라도, '지금 이 자리에서' 깊은 신심으로 참회하고 업장을 녹이면 새로운 모습으로 탈바꿈하여 멋진 삶을 이룰 수 있게 됩니다.

분명히 기억하십시오. 그렇게 되게끔 되어 있는 존재의 법칙, 그 인과의 법칙에 따라 나는 '이렇게' 있는 것입니다. 이것을 명확히 알고 스스로를 바꾸고자 노력하면 틀림없이 복된 삶을 이루어 낼 수 있습니다.

일체유심조

이 법의 세 가지 정의를 한마디로 요약하면 바로 일체 속의 '진리'입니다. 어디에서나 어느 때에나 통용이 되는 대우주의 진리입니다.

이 진리를 알지 못하면 중생이 되는 것이요, 이 진리를 깨닫게 되면 부처라고 합니다. 불법승 삼보 가운데 두 번째인 법을 깨친 사람은 부처님이요, 깨치지 못한 사람은 중생입니다.

의상대사는 「법성게」의 첫 구절에서 '법성원융무이상 法性圓融無二相', '법의 성품이 원융하여 두 모양이 없다' 고 하였습니다. 진리는 모든 것을 둥글게 융합하기 때문에 두 가지 모양이 없다는 것입니다. 참되고 한결같은 법의 원래 모습이 아주 원만하다는 가르침입니다.

그럼 어떻게 하여야 원융하고 원만한 법을 체득할 수 있는가?

통만법명일심通萬法明一心입니다.

'모든 법과 통하려면 일심을 밝혀야 한다', '한마음에서 온갖 법이 다 나왔다'는 것을 알아야 합니다.

우리 몸의 눈과 귀과 코와 입이 어디에서 비롯되었는

가? 내 마음에서 벌어진 것입니다. 마음이 없어지면 몸은 시체일 뿐입니다. 마음이 있어야 숨쉬고 보고 듣고 말하고 움직일 수 있습니다. 이 법계의 모든 존재가 마음에서 벌어진 것임을 밝힌 것이 불교의 법입니다.

『화엄경』에는 다음과 같은 사구게가 있습니다.

삼세의 일체 부처님을
알고자 하는 이라면
법계의 모든 것이
마음의 조화임을 관해야 한다

若人欲了知 약인욕요지
三世一切佛 삼세일체불
應觀法界性 응관법계성
一切唯心造 일체유심조

사람에게는 마음자리가 있고, 이 우주에는 법성의 자리가 있습니다. 나의 주인공은 마음자리입니다. 곧 마음입니다. 그렇다면 법계의 성품인 법성은 무엇이 만들어 내었는가? 이 역시 마음이 만들어 내었다는 것입니다.

'일체유심조一切唯心造'. 이것은 법을 한마디로 요약

한 마음법문입니다.

❀

 신라의 원효스님과 의상스님은 삼국통일 이전에 당나라 유학길에 올랐습니다. 하지만 육로로 고구려를 통과하려다가 고구려군에 잡혀 귀환할 수밖에 없었습니다. 구법의 열망을 잠재울 수 없었던 두 스님은 신라가 백제를 합병하여 당나라로 가는 바닷길이 열린 661년에 다시 당나라로 향했습니다.

 어느 날, 밤이 깊어서야 황야의 빈집에 도착한 두 스님은 피곤에 밀려 깊은 잠에 빠져들었습니다. 얼마를 잤을까? 너무나 목이 말라 잠을 깬 원효스님은 주위를 더듬다가 바가지에 물이 담긴 것을 발견하고 한 방울도 남김없이 다디달게 마셨습니다. 그리고는 기분 좋게 다시 잠이 들었습니다.

 그러나 일어나서 보니 간밤의 바가지는 간 곳이 없었고, 피고름 찌꺼기가 눌어붙어 있는 해골바가지만 덩그러니 놓여 있었습니다. 갑자기 스님은 비위가 상하여 심하게 구토를 하다가 문득 큰 깨달음을 얻었습니다.

'어젯밤 그토록 달콤하게 마셨던 해골물과 이 순간의 구토…. 이 세상의 어떠한 일도 마음 밖의 일이 될 수는 없다. 진리 또한 밖에서 찾을 것이 아니다. 내 안에서 찾아야 한다.'

스님은 이 경지를 게송으로 읊었습니다.

마음이 생하면 갖가지 법이 생겨나고
마음이 사라지면 온갖 법이 사라진다

　　心生卽種種法生　심생즉종종법생
　　心滅卽種種法滅　심멸즉종종법멸

삼계는 오직 마음이요
만법은 생각하기에 달린 것
마음밖에 다른 법이 없는데
어찌 다른 데서 구할 것인가

　　三界唯心　삼계유심
　　萬法唯識　만법유식
　　心外無法　심외무법
　　胡用別求　호용별구

해골에 담긴 물인 줄을 모르고 먹었을 때는 그렇게 맛이 있었는데, 해골인 것을 알고는 구토를 일으키는 스스로를 되돌아보며, 원효스님은 모든 것이 마음에서 이루어진다는 일체유심조一切唯心造의 도리를 깨닫게 된 것입니다.

그리하여 원효스님은 당나라 유학을 그만두고 신라로 돌아와 중생교화의 길에 올랐습니다.

☙

과연 가장 소중한 법은 무엇일까요?

심생즉종종법생心生卽種種法生 심멸즉종종법멸心滅卽種種法滅. 내 마음에서 한 생각 일어나면 수많은 법이 연이어 생겨나고, 한 생각이 사라지면 갖가지 법이 따라서 사라집니다.

이것을 한마디로 요약하면 무엇인가? 바로 일체유심조입니다.

이렇게 내 마음이 온갖 세계를 만들고 모든 것을 만들어 낸다는 사실을 잘 알아서 마음을 잘 쓰게 되면 향상의 길로, 부처가 되는 길로 나아간다는 것. 이것을 깨우치기 위해 부처님께서는 다양한 법을 설하신 것입니다.

생활 속의 법

이 일체유심조처럼, 부처님께서 설하신 사제·팔정도·육바라밀·삼법인·중도 등의 여러 가지 법들도 어려운 것이 아니며, 얼마든지 일상생활에 적용할 수 있습니다. 이들 교리에 대해서는 뒤에 살펴보기로 하고, 이제 두 편의 이야기로 법을 우리의 삶과 연관시켜 보겠습니다.

❀

1920년, 일본 오사카 인근 시골 마을의 한 가정에서 일어난 일입니다.

이 집안의 가장은 막노동을 하며 아내와 두 딸을 데리고 살았습니다. 남들처럼 버젓한 직장을 갖지 못한 채 힘들게 살아가는 남편에 대해 아내는 늘 불만이 가득하였습니다. 하여, 남편이 하루 종일 힘들게 일하고 들어와도 반기지를 않았고, 내뱉는 것이 잔소리요 짜증이었습니다.

그러던 어느 날, 남편이 동네 주막의 아낙과 바람이 나서 집을 나가 버렸습니다. 나머지 가족들은 닥치는 대로 막일을 하며 살았고, 구걸을 하는 것도 주저하지 않았습니다. 마침내 세 모녀는 악착같이 모은 많지 않은 돈으로 조그마한 세탁소를 차렸습니다.

아내는 세탁소를 경영하며 두 딸을 열심히 키웠는데, 어느덧 세월이 흘러 큰딸이 결혼을 하여 데릴사위를 얻게 되었고, 둘째 딸도 출가를 시켰습니다.

그런데 매서운 추위가 몰아치는 어느 날 새벽, 수십 년 전에 집을 떠났던 남편이 지팡이를 짚고 절뚝거리며 찾아왔습니다. 남편을 본 순간 아내는 그간의 서러웠던 삶과 한을 퍼부었습니다. 남편이 거듭거듭 사과를 하였지만, 아내의 욕설은 그칠 줄 몰랐습니다.

더욱이 자신이 어릴 적에 집을 떠난 아버지가 돌아온 것을 알고 방에서 달려나온 큰딸마저 어머니 편을 들면서, 아버지에게 심한 말을 하며 내쫓았습니다.

아버지는 돌아서서 다리를 절며 대문을 나섰고….

다음 날 조간신문에는 한 남자의 투신자살 기사가 실렸습니다. 그러나 두 모녀는 그 죽음이, 자신들과는 무관한 일로 치부해 버렸습니다. 그의 잘못으로 그렇게 된 것이라 생각하면서, 그 사건에 대해 거론조차 하지 않고 살았습니다.

얼마의 세월이 흘러 큰딸이 아들을 낳았는데, 아기는 울지를 않았고 자라면서도 말을 하지 않았습니다. 백방으로 다니며 고쳐 보려 하였지만 소용이 없었습니다.

　아이가 학교에 갈 나이인 일곱 살이 되었지만, 말을 못하니 학교에 보낼 수가 없어 가슴만 태우고 있었습니다. 그러다가 주위 사람들의 소개로 한 사찰의 주지스님을 찾아가 사정을 말씀드렸더니, 스님은 담담하게 말했습니다.

　"이 아이와 가장 가까운 사람이 아이의 말문을 막아 놓았구려. 이 아이가 말을 못 하게…. 분명 말 못할 사실이 있을 것이오."

　스님의 말씀에 깜짝 놀란 아내는 그동안 입 밖에도 내지 않았던 남편의 죽음을 실토하였고, 스님은 묵묵히 이야기를 다 듣고 나서 말했습니다.

　"사연을 들어 보니, 남편만 잘못한 것이 아니라 아내의 잘못도 크군요. 남편을 항상 우습게 생각하고 함부로 대하였으니, 마음 둘 곳이 없어진 남편이 어찌 주막집 여인에게 마음을 주지 않을 수 있었겠습니까?

　그리고 세월이 지나 뉘우치고 사과를 하러 찾아왔

으면 받아줘야지, 문전박대를 하고 막무가내로 내쫓
았으니, 모녀의 잘못이 적지 않습니다. 과연 남편이
죽음 말고 향할 곳이 어디였겠습니까?"

스님의 분명한 경책에 아내는 참회했습니다.

"스님, 제가 잘못했습니다. 제가 그때 제 남편을 죽
였습니다. 제가 돌아온 남편을 받아주지 않은 탓에,
그 길로 나가서 투신자살을 한 것입니다."

그리고는 대성통곡을 했습니다. 그러자 큰딸도 따
라 울고…. 그야말로 절 안은 울음바다가 되었습니
다.

울음소리가 커지자 절마당에서 놀던 손자가 뛰어
들어왔고, 할머니와 엄마가 너무도 슬피 우는 것을 보
고는 말했습니다.

"할머니, 왜 울어요? 엄마, 왜 울어?"

마침내 손자의 말문이 터진 것입니다. 닫혔던 마음
을 열어 스님께 진실을 털어 놓고 간절하게 눈물로써
참회를 하자, 아이의 말문이 완전히 열린 것입니다.

ꝑ

이 얼마나 마음씀씀이가 중요하고, 마음씀씀이에
따라 인과가 전개된다는 것을 곧바로 알 수 있게 하

는 일화입니까?

세상에는 원인 없는 결과의 법이 없습니다.

인연법과 인과법. 이 법들은 내 마음씀씀이에 따라 모든 것이 펼쳐진다는 것을 일러주고 있습니다. 일체유심조! 내 마음가짐에 따라 모든 것이 존재하게 된다는 것을 일깨워주고 있습니다.

이제 일체유심조를 자녀의 교육과 성공에 적용시킨 한 편의 이야기를 음미해 봅시다.

✿

옛날 아주 가난한 집에 아들 하나가 있었습니다. 제대로 먹지 못한 아들은 늘 배가 고파 울면서 지냈고, 그런 아들을 엄마는 시끄럽게 운다며 꾸짖고 때렸습니다.

어느 날 스님 한 분이 그 집 앞을 지나가다가 그 모습을 보고는, 집 안으로 들어와 아이에게 정중히 예를 갖추고 절을 세 번 했습니다. 어리둥절해진 어머니는 물었습니다.

"스님, 왜 저희 아이에게 절을 하십니까?"

"제가 보니, 저 아이는 나중에 커서 훌륭한 정승이

될 상을 지니고 있습니다. 어찌 장래의 정승에게 절하기를 마다하겠습니까?"

'내 아들이 정승이 된다니, 장래에 정승이 된다니!'

그 길로 어머니는 마음을 바꾸어 때리던 매를 내려놓고, 아들을 정승 대하듯이 정중히 모셨습니다.

그러자 아들도 '정승이 되리라' 작정하고 열심히 공부하여 과거에 급제하였고, 마침내 지혜롭고 훌륭한 정승이 되었다고 합니다.

§

바로 이것이 법입니다. 법칙입니다. 우리 어머니들이 우리의 귀한 아이들을 정승 대하듯이 정중히 정성껏 키우면 정승이 되고, 머슴처럼 무시하고 마구잡이로 키우면 머슴이 된다는 것을 잊지 마십시오.

일체유심조이니, 마음을 집중하여 법에 맞게 열심히 살려 가시기 바랍니다.

나무아미타불

삼법인과 사성제

불교의 우주관인 삼법인

이제 불교의 법, 곧 부처님께서 설하신 교리 중에서 가장 중요한 내용은 삼법인과 사성제입니다.

이 둘 중에 삼법인三法印은 불교의 우주관을, 사성제 四聖諦는 인생관을 나타내고 있습니다.

삼법인의 첫 번째는 제행무상인諸行無常印입니다. 이 세상 모든 만물은 시간의 흐름 따라 변화하는 무상한 것들로, 항상 그대로 있는 것은 없다는 진리입니다.

둘째는 제법무아인諸法無我印입니다. 이 세상 모든 현상 하나하나에는 분명한 실체나 불변의 본질이 있는 것이 아니라, 모두가 인연에 의해 생겨났다가 인연이 다하면 사라진다는 진리입니다.

셋째는 열반적정인涅槃寂靜印입니다. 모든 것이 덧없고 알맹이가 없는 무상과 무아의 존재이지만, 번뇌를 모두 떠난 근본 자리(열반)는 유무를 초월하여 늘 고요하고 평화롭다는(적정) 진리입니다.

이 세 가지에다가 '모든 것은 괴롭다'는 일체개고一切皆苦를 더하면 사법인四法印, '모든 것은 공하다'는 제법개공諸法皆空을 더하면 오법인五法印이 됩니다.

이제 세 가지 진리인 삼법인에 대해 조금 더 상세히 살펴봅시다.

제행무상諸行無常의 범어인 '아니티아 사르바산스카라anityāḥ sarvāsāṃskārāḥ'는 '여러 조건들이 모여 형성되었고, 흘러가는 모든 것은 항상 되지도 불변하지도 않다'는 뜻을 지니고 있습니다.

곧, 인因과 연緣이 모여 생겨난 모든 것은 하나같이 '영원하지 않다, 끊임없이 변화한다, 덧없다, 오래 못 간다'는 것을 천명한 가르침입니다.

인연이 모여 생겼다가 인연따라 변했다가 인연이 다

하면 사라지는 우리네 인생과 모든 현상들은 잠시도 정지하지 않고 변화합니다. 끊임없이 변하고 덧없이 변합니다. 변하지 않기를 바라는 마음이 아무리 클지라도 인생과 생각과 모든 물질은 흐름의 길을 따라 움직여 갈 뿐입니다.

이렇듯 제행이 무상하다는 것은 인생살이나 눈앞의 현상을 통하여 경험할 수 있는 것이요, 특별한 증명을 필요로 하지 않는 것이기 때문에 삼법인 중 제행무상을 가장 앞쪽에 두었습니다.

실로 제행무상의 가르침은 이해하기 어려운 것이 아닙니다. 세상을 어느 정도 살아 본 사람이라면 끊임없이 변하고 덧없다는 것을 이해할 수 있습니다. 굳이 우주와 자연의 변화까지 논할 것도 없습니다.

나는 변화합니다. 나의 환경도 변화합니다. 환경이 나에게 미치는 영향도 변화합니다. 나와 나를 둘러싸고 있는 모든 것은 어느 때 어디에서나 확실함을 보장해주지도, 계속 존재하지도 않습니다.

그야말로 모두가 흘러가고 덧없습니다. 그래서 인생무상人生無常이라 하는 것입니다.

제행무상! 누가 이것을 모르겠습니까? 그러나 이것

을 잊고 사는 사람은 참으로 많습니다. 잊고 살다 보니 나는 그렇지 않은 듯이 착각을 합니다. 나는 무상으로부터 떠나 있는 듯이 생각을 합니다. 그리하여 무상한 인생 전체의 흐름을 보지 못하고 눈앞의 문제에만 매달려 삽니다.

무엇보다 먼저 이 착각에서 벗어나야 합니다. 이 착각에서 벗어나야 무상 속에서 새롭게 태어날 수가 있고, 참으로 잘살 수가 있습니다.

흔히들 무상이라고 하면 늙음·병듦·죽음 등과 같은 비극적인 변화를 연상하는 경우가 많지만, 무상이라는 단어는 나쁜 변화뿐 아니라 좋게 전개되는 것까지 포함하고 있습니다. 무상하기 때문에 슬픈 일도 생기지만, 무상하기 때문에 불행을 행복으로 돌려놓을 수도 있습니다.

정녕 부처님께서 제행무상의 법인을 천명하신 까닭은, 무상 속에서 포기하거나 비참하고 타락된 삶을 살라는 것이 아닙니다. 무상을 직시하여 향상의 길·영광의 길·영원의 길로 나아가게끔 하기 위함이요, 완전한 해탈, 완전한 행복을 얻게 하기 위함이라는 것을 잊지 마시기 바랍니다.

제법무아諸法無我의 범어인 '아나트마나 사르바다르마anātmanaḥ sārvadharmaḥ'는 '만들어진 모든 것에는 아트만이 없다', '만들어진 모든 것은 무아이다'는 뜻을 지니고 있습니다.

　여기에서 우리는 '만들어진 것'이라는 단어에 주의를 기울여야 합니다. 만들어지고 만들어진 것들! 이 세상에서 물건만 만들어진 것이 아닙니다. 자연도 만들어졌고 세계도 만들어졌고 우주도 만들어졌습니다. 사람도 만들어졌고, 무수한 중생들도 만들어졌습니다. 나도 만들어졌고, 나의 업도 만들어졌습니다.

　부처님께서는 그렇게 만들어진 모든 것에는 '아我'가 없다, '아트만'이 없다고 하셨습니다. 달리 말하면, '만들어진 것은 실체가 없다, 고유하고 변하지 않는 알맹이가 없다'는 것이 제법무아의 가르침입니다.

　실로 만들어진 모든 것은 독자적인 알맹이가 있어서 생겨난 것이 아닙니다. 저 혼자서 생겨난 것이 아닙니다. 모두가 인연소기因緣所起, 인과 연이 맞아서 생겨난 것입니다. 인과 연이 화합하여 만들어지고 생겨난 것이기에 인연이 다하면 사라질 뿐, 고유한 실체가 없다는 것입니다.

그런데도 우리는 이미 만들어진 것, 만들어지고 있는 것에 고유한 의미를 부여하며 살아갑니다. 특히 나에 대해서는 더욱 그러합니다. 나 자신, 나의 일, 나의 재산, 나의 가족, 나의 사랑 등….

그러나 이 나는 진짜 나가 아닙니다. 불변의 나, 영원하고 행복하고 자유자재하고 번뇌가 없는 나가 아닙니다. 이 나는 인연 따라 만들어진 나요, 인연 따라 변하는 나이며, 신구의身口意 삼업三業으로 만들어진 나입니다.

이렇게 만들어지고 있고 만들어진 나, 스스로가 나라고 고집하는 나, 현재 나로서 존재하고 있는 나는 알맹이가 없을 수밖에 없으며, 알맹이가 없는 나이기에 부처님께서는 무아無我라고 하신 것입니다.

하지만 제법무아의 가르침이 지금의 나를 무시하라는 것은 결코 아닙니다. 행복하고 평화롭게 살고자 하면 무명의 나, 스스로가 만든 나[自我], 내가 고집하고 있는 나, 거짓 나[假我]에 사로잡혀 살지 말라는 것이요, 거짓 나를 버리고, 스스로가 만든 자아의 틀에서 벗어나야 한다는 가르침입니다.

나아가, 나가 무명無明에 싸인 허깨비[幻]임을 깨달

60

고 무아 속에서 자비심을 키워 가야 합니다. 그리고 그 자비심이 온 법계와 그냥 그대로 하나가 될 때 무상과 고苦는 자취도 없이 사라지고, 열반적정을 이루게 된다는 것을 부처님께서는 천명하셨습니다.

꼭 기억하십시오. 무아! 곧 자아를 벗어던질 때 자비가 끝없이 샘솟고 태양과 같은 지혜가 저절로 나타난다는 것을!

열반적정涅槃寂靜의 범어인 '샨탐 니르바남śāntam nirvāṇam'은 불이 완전히 꺼져 고요하고 평화로운 상태가 되었음을 나타내는 단어입니다.

불교의 목표는 열반입니다. 흔히들 부처님의 죽음을 열반이라 하기 때문에, '열반'이라고 하면 죽음을 연상하는 이들이 많습니다. 그러나 열반은 죽음을 뜻하는 용어가 아닙니다. 성스러운 불교수행의 종착점이요 궁극의 목표가 열반인 것입니다.

달리 말하면 열반은 탐貪·진瞋·치癡 삼독三毒이 완전히 소멸된 상태입니다. 삼독의 불, 번뇌의 불이 완전히 소멸되면 열반적정을 이루게 됩니다.

그럼 삼독의 불이 꺼져 열반적정에 이르면 어떻게

되는가? 『열반경』에서는 열반의 사덕四德인 상常(영원)·낙樂(행복)·아我(자재)·정淨(맑음)과 팔미八味인 상常·항恒·안安·쾌락快樂·불로不老·불사不死·청정淸淨·무구無垢로써 이를 설명하고 있습니다.

곧 삼독번뇌의 불이 꺼져 한결같고 변함이 없으니 영원[常]이요, 편안하고 즐거우니 행복[樂]하며, 늙지 않고 죽지 않으니 자재[我]하며, 번뇌와 때가 없으니 어찌 맑지[淨] 않겠습니까? 이 상·낙·아·정의 네 가지 덕은 무상하고 괴롭고 부자유롭고 추한 [無常·苦·無我·不淨] 중생의 삶에 대응되는 것입니다.

무아를 체득하며 삼독의 불을 꺼 나가면, 불을 끄는 만큼 영원과 행복과 자유자재와 맑은 삶을 살 수 있게 됩니다. 불을 완전히 끄면, 부처님처럼 상낙아정의 삶을 언제나 누릴 수 있습니다. 이 얼마나 바람직한 삶입니까?

이러한 삶을 살도록 하는 것이 '열반적정'이라는 글자 속에 담겨 있는 참의미라는 것을 기억하면서, 나를 비우는 수행을 부지런히 닦아 가도록 합시다.

사성제

사성제는 부처님 최초의 법문입니다. 성제聖諦는 '아리야(ārya, 聖) + 사티야(satya, 諦) = 완전히 살아 있는 진리, 온전한 깨달음'으로, 사성제는 단순한 네 가지 성스러운 가르침이 아니라 우리를 완전히 살아 나게 하고 온전한 깨달음에 이르게 하는 가르침입니다.

『증일아함경增一阿含經』 사제품四諦品에서 부처님께서 는 게송으로 설하셨습니다.

여기 참된 사제의 법문이 있건만
이 도리를 제대로 아는 이가 없어
생사의 고해에서 끝없이 헤매누나
나 이제 사제법을 여실히 깨달았기에
중생들로 하여금 이 도리를 알게 하여
생사의 고해에서 길이 벗어나게 하노라

이 사성제는 부처님께서 설법의 방법으로 연구하여 고안해 낸 것입니다. 곧, 부처님께서는 의사가 병자를

치료하는 원리에 입각하여 고苦·집集·멸滅·도道의 네 단계를 갖춘 사성제법을 개발하셨습니다. 곧

· 고苦는 현재 고통받고 있는 너의 병이며
· 집集은 그 병이 생겨나게 된 원인입니다.
· 멸滅은 병 없는 건강한 몸으로 회복된 상태이며
· 도道는 병을 완치하는 치료 방법입니다.

그러므로
· 현실의 괴로움을 분명히 깨닫고〔苦聖諦〕
· 괴로움의 원인을 정확히 파악해야 하며〔苦集聖諦〕
· 열반의 완전한 행복에 이르려면〔苦滅聖諦〕
· 팔정도를 잘 닦아 익혀야 합니다〔苦滅道聖諦〕.

이제 사성제 하나하나를 살펴봅시다.

첫 번째 **고성제苦聖諦**는 '삶이 괴롭다는 것을 온전히 깨달아라'는 가르침입니다.
그럼 고성제가 무엇인가? 여러 경전에서는 한결같이 8고八苦를 이야기하고 있습니다.

① 태어남이 괴롭다〔生苦〕

② 늙는 것이 괴롭다〔老苦〕

③ 병이 들면 괴롭다〔病苦〕

④ 죽는 것이 괴롭다〔死苦〕

⑤ 미운 이와 만나는 것이 괴롭고〔怨憎會苦〕

⑥ 사랑하는 사람과 헤어지는 것이 괴롭고〔愛別離苦〕

⑦ 구하는 것을 얻지 못하면 괴롭다〔求不得苦〕

⑧ 번뇌가 치성하는 삶 자체가 괴로움이다〔五陰盛苦〕

이 여덟 가지 괴로움을 거부할 중생은 없습니다. 누구나가 이러한 고통을 받으며 살아야 합니다. 중생이라면 피할 수도 거부할 수도 없는 8고八苦….

우리는 이 세상에 태어날 때부터 고통을 받습니다. 태어날 때 웃고 태어나는 사람은 없습니다. 동서고금을 막론하고 울면서 태어나니 태어남이 고통인 것입니다.

또 살아가는 것이 고통입니다. 좋은 옷 입어야 하고 맛있는 음식 먹어야 하고 잠자야 할 집이 있어야 하니 의식주의 생활고가 반드시 따릅니다. 늙어서는 이가 빠지고 팔다리가 아프고 눈이 어두워지는 고통이 생집니다. 그러다가 마침내 죽을 때는 똥오줌을 싸고 신음하다가 가게 되니 생로병사의 고통인 것입니다.

또한 사랑이 좋다고 하나 헤어짐의 고통이 있고, 미운 사람과 만나야 하는 고통이 있습니다. 세상일이 뜻과 같이 되지 않는 고통이 있고, 온갖 번뇌 망상을 불러일으켜 가만히 있지 못하는 정신은 편할 날이 없고, 구멍마다 더러운 것이 흐르는 육체는 늘 씻고 닦아야 합니다. 이와 같이 삶 자체가 고통인 것입니다.

그럼 이 팔고의 원인은 무엇인가?

이를 밝힌 것이 **고집성제苦集聖諦**입니다.

부처님께서는 '갈애渴愛와 탐貪·진瞋·치痴·삼독심三毒心'이 고苦의 원인이라 하셨습니다.

이 중 갈애는 적당한 사랑이 아닙니다. '목마르게 사랑하는 것'입니다. 무엇을 목마르게 사랑하는가? 나를 애타게 사랑하는 것입니다.

애타는 나에 대한 사랑, 나를 목이 타도록 사랑하기 때문에, 우리는 나에게 맞으면 탐욕의 불길을 일으키고, 나의 뜻대로 되지 않으면 분노의 불길을 일으키며, 탐욕과 분노심으로 갖가지 어리석은 행동을 저질

66

러 나를 불태워 버립니다.

곧 나에 대한 애타는 사랑인 갈애가 탐·진·치의 세 가지 독[三毒^{살 독}]을 뿜어내고, 그 삼독이 우리를 괴로움의 세계에 갇혀 살도록 만들어 버린 것입니다.

그렇다고 나를 사랑하지 말라는 것은 아닙니다. 갈애를 하지 말라는 것입니다. 갈애는 단순한 사랑이 아닙니다. 목이 타는 이기적인 사랑입니다. 목이 타는 사람이 물을 구하듯 애타게 사랑한다는 뜻입니다.

갈애는 평화로운 사랑, 잔잔한 기쁨의 사랑이 아닌 격렬한 사랑의 갈구입니다. 격렬한 사랑의 갈구는 곧바로 탐욕이라는 지나친 욕망을 불러일으키고, 그 탐욕으로 갖가지 괴로움의 업을 짓게 되는 것입니다.

그럼 어떻게 해야 이를 극복할 수 있는가? 『증일아함경』에는 탐·진·치 삼독심의 인연과 극복하는 방법에 대한 법문이 있습니다.

탐욕의 죄는 더러움이 적지만 그것을 멀리 떠나기는 더디다. 성냄의 죄는 더러움이 크지만 그것을 멀리 떠나기는 빠르다. 어리석음의 죄는 더러움도 크고 그것을 멀리 떠나기도 더디다.

이제까지 생겨나지 않았던 탐욕이 생겨나고, 이미 생긴 탐욕이 더해 가는 것은 무슨 인연인가? 그것은 대상이 내 마음에 맞기 때문이다. 대상이 마음에 맞기 때문에 삿된 생각들을 내어 탐욕을 일으키고, 이미 생겨난 탐욕을 더하게 된다.

이제까지 일어나지 않았던 분노가 일어나고, 일어난 분노가 더해 가는 것은 무슨 인연인가? 그것은 대상이 내 마음에 맞지 않기 때문이다. 대상이 마음에 맞지 않기 때문에 삿된 생각들을 내어 분노를 일으키고, 이미 생겨난 분노가 더하게 된다.

이제까지 일어나지 않았던 어리석음이 일어나고, 일어난 어리석음이 더해 가는 것은 무슨 인연인가? 그것은 바르지 못한 생각 때문이다. 바르지 못한 생각으로 인하여 일어나지 않았던 어리석음이 일어나고 이미 일어난 어리석음을 더하게 된다.

그러므로 마음에 맞는 대상에 대해 바르게 생각하고 마음에 맞지 않는 대상에 대해 바르게 생각하면서 자비심을 쌓아 가면, 탐욕과 분노가 생겨나지 않게 되고, 설혹 생겨나더라도 곧 없어지게 된다. 또한 이 바른 생각에 의해 어리석음이 일어나지 않고, 일어나더라도 곧 없어지게 된다.

참으로 소중하고 함축성 있는 가르침입니다.

나에게 맞다·그르다, 내 마음에 든다·들지 않는다. 이것이 탐욕과 분노를 일으키게 된다는 가르침, 바르지 못한 생각 때문에 어리석음에 빠진다는 가르침.

바르게 생각하면서 자비심慈悲心을 쌓을 때 탐욕과 분노와 어리석음이라는 세 가지 독〔三毒〕이 사라진다는 부처님의 가르침.

이 가르침을 명백히 깨닫는 것이 고집성제苦集聖諦라는 것을 명심하면서 다음으로 넘어갑시다.

사성제의 세 번째 가르침인 **고멸성제苦滅聖諦**(줄여서 멸성제 또는 멸제라고도 함)는 '괴로움이 완전히 사라진 자리'에 이를 것을 천명한 가르침입니다.

곧 고멸성제는 세간 속의 각종 괴로움〔苦〕과 그 괴로움의 원인〔苦集〕을 완전히 없애는 것입니다. 그래서 불교에서는 이 '멸滅'을 해탈解脫이라고 합니다. 또 타오르던 번뇌의 불길이 모두 꺼져 버렸다고 하여 열반涅槃·또는 적멸寂滅이라고도 합니다.

이 고멸성제는 부처님의 대발견입니다. 부처님께서는 6년 고행과 중도의 수행을 통하여 고를 멸하셨습니다. 괴로움의 원인이 되는 탐심과 분노심과 삿된 마음이 완전히 없어졌기 때문에, 다시 괴로움에 빠져드는 일이 없는 완전한 행복 그 자체가 되셨습니다.

그럼 이 고멸성제에 이르렀을 때 나타나는 것은 무엇인가? 앞의 삼법인 중 열반적정을 이야기할 때 밝힌 사덕과 팔미가 그것이므로 여기에서는 생략하고, 도성제인 팔정도로 넘어갑니다.

팔정도

사성제의 마지막인 **고멸도성제**苦滅道聖諦(줄여서 도성제 또는 도제라고도 함)는 '고를 멸하는 길이 이것임을 깨닫고 실천하라'는 가르침으로, 불교의 기본수행법이요 가장 중요한 수행법인 팔정도八正道입니다. 먼저 여덟 가지 바른 길인 팔정도를 열거하겠습니다.

① 정견正見 : 바로 보라
② 정사正思 : 바로 생각하라
③ 정어正語 : 바르게 말하라
④ 정업正業 : 바르게 행동하라
⑤ 정명正命 : 바르게 생활하라
⑥ 정정진正精進 : 바르게 정진하라
⑦ 정념正念 : 바른 신념을 가져라
⑧ 정정正定 : 바른 선정을 이루어라

이 여덟 가지 '정도正道'는 진리의 길이요 열반의 길입니다. 진리에 이르는 길이요 열반에 이르는 길이며, 이 바른길로 나아가면 반드시 향상을 하게 됩니다.

왜 그러한가? 팔정도의 '정正'이 진리 그 자체이기 때문입니다. 바르면 그대로 진리와 계합하고 열반과 계합을 합니다. 따라서 팔정도를 잘 닦으면 누구나 진리를 체득하여 고멸성제苦滅聖諦라는 과보를 얻고, 고를 떠나 행복해지며, 마침내는 부처님이 될 수 있습니다.

그런데 우리 중생들에게 있어서는 '정正'이 문제입니다. 진리 그 자체인 '정正에 대한 자세'가 문제입니다. 이 정正을 완전히 바르게 해야 하건만, 적당히 하고자 하는 자세가 문제입니다.

우리가 체득해야 할 '진리'를 놓고 이야기를 풀어 봅시다. 이 세상의 진리에 5할짜리 진리가 있습니까? 7할의 진리, 9할의 진리가 있습니까?

없습니다. 참으로 부처님께서 증득하신 바의 진리는 온전할 뿐입니다.

그럼 온전하고 순수한 진리를 체득하기 위해서는 몇 할짜리 정도正道를 실천해야 하는가? 당연히 10할짜리 정도를 닦아야 합니다. 10할짜리 정도를 실천하면 나는 그냥 그대로 진리의 세계, 열반의 세계에 이르게 됩니다.

완전히 올바르게! 물론 어렵기 그지없습니다. '완전히 올바르게 사느니 그냥 대충 살겠다'고 할 수도 있습니다.

그러나 지금 당장 모두 올바르지 않아도 됩니다. 지금은 비록 1할에 불과할지라도, 차츰차츰 완전함으로 다가가면 됩니다. 차츰차츰 다가가는 것, 차츰차츰 바꾸어 가는 것! 그것이 팔정도의 '도道'입니다.

부처님께서 간곡히 실천을 당부하신 팔정도. 그 도는 멸滅로 나아가는 삶입니다. 열반과 진리로 향하는 삶입니다. 고집苦集의 길인 갈애와 탐·진·치를 추종하여 고통 속에서 허덕이는 중생이, 영원〔常〕·행복〔樂〕·자재〔我〕·청정〔淨〕이 충만된 열반의 땅을 향해 닦아 나아가는 삶의 바른 실천이 팔정도인 것입니다.

팔정도를 실천하면 반드시 향상을 합니다. 팔정도를 닦으면 고苦의 해탈은 물론이요 자유와 행복과 평화가 보장되게 되어 있습니다.

이것은 나의 말이 아닙니다. 부처님의 말씀입니다. 다시 한번 스스로에게 질문해 보십시오.

"왜 도를 닦는가?"

한마디로, 부처님처럼 잘살기 위해 도를 닦는 것입

니다. 고苦의 멸滅을 이루기 위해, 번뇌와 괴로움의 불
길이 완전히 사라진 열반의 삶을 이루기 위해 도를 닦
는 것입니다.

부디 모든 불자들이 부처님 가르침의 백미인 삼법인
과 사성제를 잘 이해하고 팔정도를 잘 실천하여, 대행
복이 충만된 위없는 깨달음을 증득하여 부처님이 되
시기를 축원 드립니다.

나무아미타불

대승불교와 육바라밀

대승불교의 출현

이제 대승불교의 핵심이 되고 있는 보살·발원·회향·육바라밀에 대해 살펴보고자 합니다. 먼저 대승불교가 출현하기까지의 불교의 흐름에 대해 간략히 이야기하겠습니다.

시대적으로 불교의 흐름을 분류할 때는 근본불교·원시불교·부파불교·소승불교·대승불교의 순으로 배열합니다.

근본불교根本佛教는 석가모니불이 이 세상에 계시면서 45년 동안 직접 제자들을 지도하셨던 때의 불교입니다.

　원시불교原始佛教는 석가모니불께서 열반에 드신 뒤약 1백 년 동안의 불교를 가리킵니다. 이 1백 년 동안에는 석가모니불께서 생존해 계실 때의 불교가 그대로 잘 지켜진 원시 상태의 불교라 하여 원시불교라고 칭합니다.

　원시불교 다음의 약 3백 년은 많은 부파部派와 분파分派들이 나타난 시기이기 때문에, 이 3백 년의 불교를 '**부파불교**'라고 합니다. 이 시기에는 약 20여 개의 부파로 나누어져서, 부파마다 독특한 교리 체계를 세우고 설법 방법을 정착시켜 나갔습니다.
　이들 가운데 교리를 훌륭하게 조직화하고 왕성하게 실천한 부파는 계속 존속되었으나, 교리체계를 확립하지 못하고 조직이 미약한 부파는 서서히 사라져 갔습니다.

　이 부파불교 다음의 3백 년은 '**소승불교**小乘佛敎' 시대입니다. 소승불교는 부파불교의 연장으로, 부파불교 중에서 살아남은 교단들이 세력을 퍼뜨려 나간 불교라고 보면 됩니다.

부파불교와 소승불교는 출가 중심의 불교였고, 출가승려를 위한 불교였습니다. 따라서 출가수행승들은 일생동안 교리를 연구하고 연마하면서 높은 경지로 나아갈 수 있었지만, 일반 대중들은 불교교리에 접근하기가 매우 힘들었습니다.

특히 재가불자와 차별을 두는 출가승려 중심의 사고방식과 수행체계 자체는 모든 사람을 해탈케 하고 그들을 위해 자비를 실천하도록 하신 부처님의 가르침과는 너무나 동떨어진 것이었습니다.

이에 기원전 1백 년경에 새로운 불교운동이 일어났습니다. 이 새로운 불교 운동은 누구나 배울 수 있는 불교, 누구나 실천할 수 있는 불교, 누구나 해탈할 수 있는 불교가 되어야 한다는 것을 근본으로 삼았습니다. 그야말로 모든 중생의 불교가 되어야 한다는 것입니다. 이것이 **대승불교**大乘佛教입니다.

소승과 대승의 '승乘'은 수레라는 뜻입니다.

자기들이 설하는 것이 부처님의 참된 가르침이며 올바로 부처가 되는 길이라고 주창한 대승불교도들은 그들의 것을 대승, 곧 '큰 수레'라 칭하였고, 재래의 불교를 자기의 깨달음만 추구하고 남을 돌보지 않는 작은 수레로 규정하여 소승이라 칭하였습니다.

자리自利와 이타행利他行을 실천하여 능히 많은 이들을 구제할 수 있는 크고 안전하고 빨리 실어나르는 큰 수레(대승)요, 기존의 출가 중심 불교는 규모가 작아서 많이 태우지도 못하고, 속도도 느리고, 험난한 길을 가다가 고장이 날 가능성도 있고, 언제 도달할지도 모르는 작은 수레라 하여 소승이라 이름한 것입니다.

보살의 서원과 회향

이 대승은 달리 **보살승**菩薩乘이라고 합니다. 보살승은 보살의 수레라는 뜻인데, 보살은 대승불교를 이야기할 때 빼놓을 수 없는 중요한 개념이요 이상적인 인간상입니다.

보살승의 '**보살**'은 보리살타菩提薩埵의 준말이며, 보리살타는 범어 보디사트바bodhisattva의 음역인데, 보디와 사트바라는 두 단어로 이루어져 있습니다.

보디bodhi는 깨달음, 사트바sattva는 중생으로 번역되며, 이 두 가지가 합쳐져서 '깨달음을 향해서 가고있는 중생', '깨달음을 어느 정도 얻은 중생'으로 풀이하고 있습니다. 곧 겉모습은 중생이지만, 알맹이는 이미 중생이 아닌 존재입니다.

보살은 나를 이롭게 하는 자리自利와 남을 이롭게하는 이타利他, 내가 깨닫는 자각自覺과 남도 깨닫게하는 각타覺他를 함께 실천하는 이상적인 인간상입니다.

자리와 자각을 추구하므로 스스로의 깨달음에도 관심을 갖지만, 이타와 각타의 길을 걷기 때문에 자기를 희생하여서라도 중생을 구제해야 한다는 것이 크게 강조되었습니다.

이 이타와 각타 때문에 대승불교, 곧 보살불교에서는 중생을 구제하겠다는 서원誓願과 자기가 쌓은 선근공덕을 남에게로 되돌리는 회향廻向을 매우 중요한 가르침으로 삼게 되었습니다.

서원과 회향. 이 두 가지 보살의 덕목 중 **서원誓願**은 자기에게 스스로 맹세하는 것입니다. 곧 발원發願, 스스로 원을 발하는 것입니다.

'내가 어디에서나 어느 때에나 이렇게 하겠습니다. 이렇게 살겠습니다.'

이와 같이 스스로가 맹세하고 다짐하는 이 서원은 깨달음을 구하기 위해 처음 발심을 하였을 때부터 가지는 것이므로 본원本願이라고 합니다. 본원은 '이러이러한 원을 나의 목표, 나의 근본 원으로 삼고 산다'는 말입니다.

이 원은 사람마다 다릅니다. 처음 발심하였을 때 지닌 뜻이 사람마다 다르기 때문입니다. 하지만 보살이라면 누구나 발하여야 하는 서원이 있습니다. 바로 네 가지 큰 서원인 사홍서원四弘誓願입니다.

'중생을 다 건지고 번뇌를 다 끊고 법문을 다 배우고 불도를 다 이루겠다'는 사홍서원이 가장 대표적인 보살의 서원입니다.

회향廻向의 향向은 '향해서 간다'는 뜻입니다. 그리고 회향은 '중생을 향해서 간다〔衆生廻向〕, 더 높은 깨달음을 향해서 간다〔菩提廻向〕'는 말입니다. 스스로가 쌓은 공덕을 되돌려 끊임없이 더 깊은 경지로 나아가기 위해 노력하고, 보다 많은 중생을 구제하기 위해 노력하는 것이 회향입니다.

이 서원과 회향은 보살이 꼭 갖추어야 하는 두 가지 조건입니다. 서원과 회향을 품고 있는 보살은 혼자만의 깨달음을 이루어 얼마든지 평화롭게 살 수 있는 능력이 있음에도 불구하고, 일체중생을 위해 이 세상에 머무르면서 중생을 피안彼岸에 도달하게 하는 뱃사공과 같은 존재입니다.

육바라밀 · 십바라밀

그럼 보살의 근본수행법은 무엇인가?

육바라밀六波羅蜜과 십바라밀十波羅蜜입니다.

무엇을 육바라밀과 십바라밀이라 하는가?

육바라밀은 불자들이 잘 알고 있는 보시布施·지계持戒·인욕忍辱·정진精進·선정禪定·반야般若의 여섯 가지 바라밀이요, 십바라밀은 이 여섯 가지에 방편方便·원願·역力·지智의 네 가지를 더한 것입니다.

여기에서는 육바라밀과 십바라밀을 가장 조직적으로 해설하고 있는 『해심밀경解深密經』의 체계를 기본으로 삼고, 조선시대 최고 고승인 서산대사 휴정休靜스님의 『선가귀감』에 있는 내용을 더하여 하나씩 살펴보고자 합니다.

『해심밀경』에서는 육바라밀 각각에 대해 세 가지씩을 열거하고 있는데, 실천하기 가장 쉬운 것을 첫 번째에, 가장 어려운 것을 세 번째에 두고 있습니다.

첫 번째의 **보시**布施에서는 법시·재시·무외시의 세 가지를 설하고 있습니다. 이 보시에서 재시보다 법시를 앞에 둔 것은, 출가승려의 경우에 법을 베푸는 것이 재물을 베푸는 것보다 더 쉽기 때문입니다.

①**법시**法施는 법, 곧 진리를 베푸는 것인데, '어떻게 살아야 하는지'를 가르쳐주는 것입니다. 흔히들 법을 어렵게 포장해서 이야기하고 있지만, 어떻게 살아야 하고 무엇을 위해서 살아야 하는지를 가르쳐주는 것이 진짜 법시입니다.

그러므로 단순히 경전을 읽어주고 뜻을 풀이해주는 차원을 넘어서야 합니다. 경전을 자기의 것으로 만들어서 남들에게 쉽고도 편안하게 법을 전파하여 멋있게 살 수 있도록 이끌어주어야 합니다.

②**재시**財施는 재물을 주는 것입니다. 상대방에게 필요한 물질, 사람으로 살아가는 데 꼭 필요한 물질을 주면 됩니다. 하지만 욕심으로 달라고 할 때는 베풀지 말아야 합니다. 사람을 그릇되게 만들어 버리기 때문입니다.

그럼 돈 등의 물질을 주는 것만이 재시인가? 아닙니다. 몸으로 봉사하기, 마음으로 축원해주기, 밝은 표정으로 대하기, 사랑의 말을 하기, 자애로운 눈길 보내기, 자리를 양보하기 등도 다 재시에 속합니다.

③ **무외시**無畏施는 평화롭게 살 수 있도록 두려움과 공포를 없애주는 것입니다. 마음이 흔들리면 평화로움을 이룰 수 없습니다. 따라서 흔들림 없는 확고부동한 마음가짐을 갖게 해주는 것이 무외시의 초점이라고 할 수 있습니다.

서산대사께서는 '나와 남이 둘이 아닌 동체대비同體大悲가 참된 보시'라고 하면서, '없는 이가 찾아와서 구할 때면 능력껏 베풀어주어라'고 하셨습니다.

두 번째의 **지계**持戒에 대해 전사불선계·전생선계·전생요익유정계의 세 가지를 설하고 있습니다.

① **전사불선계**轉捨不善戒의 '사불선捨不善'은 불선, 곧 살생·도둑질·음행·거짓말·기이한 말·욕설·이간질·탐욕·성냄·사견의 열 가지 악[十惡]을 버리는[捨] 것을 뜻합니다. 그리고 사불선 앞에 전轉 자가 붙었는데, 능동적·적극적으로 십악 등의 나쁜 짓을 하지 않는 쪽으로 굴러간다[轉]는 것을 나타내고 있습니다.

② **전생선계**轉生善戒는 '능동적으로 선한 일을 하라'는 가르침입니다. '좋은 일을 자꾸 하면 잘살게 될 뿐 아니라 해탈할 복덕까지 쌓인다'는 것으로, 십악의 반

대인 십선十善을 비롯하여 모든 선을 받들어 행하는 것이 지계임을 깨우쳐주고 있습니다.

③ **전생요익유정계**轉生饒益有情戒는 유정(중생)들에게 이익되는 일을 많이 하라는 것입니다. 만약 염라대왕이 '일생동안 남들에게 이익되는 일을 얼마만큼 했느냐?'고 묻는다면 무어라고 대답할 것입니까? '많이 하고 왔다'며 자신있게 말 할 수 있습니까? 만약 해를 끼친 가해중생이 이익을 준 준생보다 더 많다면….

모름지기 은혜를 베풀어주는 것이 불교를 잘 믿고 바르게 실천하는 법이 아닐까요?

서산대사께서는 '계를 잘 지키지 못하면 청정한 깨달음의 열매를 바랄 수 없다'고 하면서, 계율 존중하기를 부처님 모시듯이 할 것을 강조하셨습니다.

세 번째의 **인욕**忍辱에서는 내원해인·안수고인·제찰법인의 셋을 설하고 있는데, 참기 어려운 것, 나를 욕되게 하는 것들을 능히 참는 것이 인욕입니다.

① **내원해인**耐怨害忍의 '원해怨害'는 다른 사람이 나에게 직접 해를 끼치는 것입니다. 이렇게 직접적으로 다가오는 고통을 참아내는 것이 내원해인입니다.

②**안수고인**安受苦忍은 다른 사람이 해를 끼칠 때 편안한 마음으로 기꺼이 고통을 받겠다는 것입니다. 편안한 마음으로 고통을 받을 각오가 되어 있으면 보살도를 성취하지 못할 까닭이 있겠습니까?

③**제찰법인**諦察法忍은 법을 잘 관찰하여 법이 본래 생한 것이 없다는 것, 곧 무생無生의 도리를 깨닫는 것입니다. 그래서 이를 달리 무생법인無生法忍이라고 합니다.

무생법인은 법이 본래 공하여 불생불멸이라는 것을 깨닫는 것이며, 이를 깨닫는 것이 인욕의 극치입니다. 이 가르침 속에서, 우리가 본래 무생법인임을 터득하여야 인욕바라밀을 완성하고 대해탈을 이루게 된다는 것을 깨우쳐 주고 있습니다.

서산대사께서는 '참을 줄 모르면 어떠한 보살행도 이루지 못한다'고 하시면서 성내거나 원망을 하지 말 것을 강조한 다음, 마침내는 '창칼로 찌르거나 치료약을 발라주는 두 가지에 다 무심하여야 인욕을 성취한다'고 설하셨습니다.

네 번째의 **정진**精進에서는 피갑정진·전생선법가행정진·요익유정가행정진의 세 가지를 설하고 있습니다.

①**피갑정진**被甲精進은 갑옷을 입고 정진하라는 것인데, 이는 방어의 자세로 정진하는 것입니다. 공부나 하는 일을 함에 있어 높은 경지에 올라가지 못한 사람이라면 흔들리기 쉬운 상태에 있으므로, '갑옷을 입은 듯이 정진하겠다'는 마음속의 다짐이 있어야 합니다.

②**전생선법가행정진**轉生善法加行精進은 나를 위한 정진에서 한 걸음 더 나아가, 선한 일을 잘 이룰 수 있도록 힘을 다해 정진하는 것입니다. 곧 보통 정진보다 더 열심히 정진하는 것을 가행정진이라 합니다.

③**요익유정가행정진**饒益有情加行精進은 선한 일 중에 최상의 선한 일인 '중생에게 이익을 주고 깨닫도록 하는 일'을 적극적으로 실천하는 것입니다.

서산대사께서는 '스스로를 포기한 게으른 사람은 늘 뒤만 돌아본다'고 하신 다음, 본바탕의 천진한 마음을 지키는 것, 망상을 내지 않는 것이 첫째가는 정진임을 일깨워주셨습니다.

다섯 번째의 **선정**禪定을 『해심밀경』에서는 '고요히 생각함'을 뜻하는 정려靜慮라는 단어로 표현하였으며, 무분별정려·인발공덕정려·인발요익유정정려의 세 가지를 설하고 있습니다.

① **무분별정려**無分別靜慮는 나와 너에 대한 분별과 대립을 떠나서 선정에 잠기고 명상을 해야 한다는 것입니다. 곧 선정의 첫 단계는 자기 이익을 내세우는 이기적인 생각들을 고요하게 가라앉혀서 마음을 평화롭게 유지하는 것이라 하여 무분별정려라 한 것입니다.

② **인발공덕정려**引發功德靜慮는 '도와주어야 되겠구나' 하는 것을 느끼고 사색하는 단계입니다. 남을 도와주고자 자기 안에 있는 공덕과 힘을 스스로 끌어내는 것이기 때문에 인발引發이라고 합니다.

③ **인발요익유정정려**引發饒益有情靜慮는 개인이나 한 집단을 위해서가 아니라, 일체중생을 이롭게 하는 큰 힘을 이끌어내는 정려입니다.

서산대사께서는 '이 선정의 힘이 커지면 세상의 모든 일을 능히 알 수 있게 되고, 생사에 자유자재하게 된다'고 하셨습니다.

여섯 번째의 **반야**般若를 『해심밀경』에서는 '혜慧'라고 하였으며, 연속제혜·연승의제혜·연요익유정혜의 세 가지를 설하고 있습니다. 연緣 자를 앞에 붙인 것은 '인연이 있다'는 뜻입니다.

① **연속제혜**緣俗諦慧는 세속의 진리인 속제俗諦와 인연이 있는 지혜입니다. 반야의 대지혜를 이루고자 하면 무엇보다 먼저 세속의 인연 관계를 잘 알아야 된다는 것이 연속제혜가 표방하고 있는 핵심입니다.

소승불교나 현실 도피적인 불교는 세속에 관한 지혜를 무시했습니다. 오직 무아만 실현하면 된다고 주장하였는데, 이는 잘못된 사고방식입니다. 세속의 것도 잘 알아야 합니다. 특히 세속이 가假, 가변적이요 무상하다는 것을 잘 알아야 합니다.

② **연승의제혜**緣勝意諦慧는 최상의 진리인 승의제勝意諦와 인연이 있는 지혜입니다. 승의제는 달리 진제眞諦라고 하는데, 공空을 잘 아는 지혜입니다.

③ **연요익유정혜**緣饒益有情慧는 중생을 이롭게 하는 요익유정饒益有情과 인연이 있는 지혜입니다. 곧 중생들에게 이익을 주겠다고 하는 대자비심大慈悲心을 근본으로 삼고 있는 지혜로, 대자비심이 있어야 궁극적인 지혜, 본래의 지혜를 이끌어낼 수 있습니다.

남과 나의 구별 없이 다른 사람의 아픔을 내 아픔처럼 생각하는 무조건적인 사랑의 마음! 이 마음이 대지혜인 반야를 이끌어낸다는 것을 잊지 말아야 합니다.

서산대사께서는 '헛되지 않은 것이 지혜요, 나를 그릇되게 만드는 도둑을 죽이는 것이 지혜'라고 하면서, 도를 닦는 이들이 분수대로 각기 노력할 것을 간곡히 권하셨습니다.

이로써 육바라밀은 끝났습니다.

그런데 『해심밀경』에서는 방편方便·원願·역力·지智의 네 가지 바라밀을 더 설하고 있습니다.

『해심밀경』의 일곱 번째 바라밀다는 **방편方便**입니다. 육바라밀 중에서 앞의 세 가지인 보시·지계·인욕을 제대로 실천하기 위해서는 방편을 잘 구사해야 한다는 것입니다.

어떠한 방편을 구사하라는 것인가? 하지만 이론적으로 배운다고 하여 방편을 잘 구사할 수 있는 것이 아닙니다. 실제의 생활 속에서 자꾸자꾸 실천하고 경험을 하는 가운데 새로운 방편이 생겨나고 방편이 점점 익숙해지게 됩니다. 이를 유념하여 각자가 상황에 맞게 적절한 방편을 구사해야 할 것입니다.

여덟 번째는 **원願**입니다. 원바라밀은 정진을 잘 하기 위해 꼭 필요한 것으로, 원이 크고 깊으면 정진도 그만큼 크고 깊어진다고 합니다. 하여 정진이 잘 되지 않을 때는 스스로의 원을 다시 점검해 볼 필요가 있습니다.

아홉 번째는 **역力**입니다. 역은 말 그대로 힘입니다. 그리고 선정을 성취하고자 하면 힘이 있어야 합니다. 그러므로 힘을 길러야 합니다.

평화로움을 이루는 선정. 살아가면서 이 선정을 이루는 것은 참으로 중요하며, 선정을 잘 이루기 위해서는 힘이 필요합니다. 정신적인 힘과 함께 육체적인 힘이 있어야 능히 선정을 이룰 수 있습니다.

마지막 열 번째는 **지智**입니다. 지혜로워지기 위해서는 그 지혜를 보완할 필요가 있습니다. 육바라밀의 여

섯 번째는 반야지혜요, 이 열 번째 지는 반야지혜와
관련된 여러 가지 방편과 지식과 지혜라고 생각하면
됩니다. 잘 알고 바르게 알아야 반야의 목적지로 순탄
하게 나아갈 수 있으니….

　사실 대승불교에서 이 육바라밀·십바라밀의 실천을
빼고 나면 특별한 것이 없다고 해도 과언이 아닙니다.
그러므로 대승불교권에 있는 우리 불자들은 스스로
보살이 되고,이 바라밀들을 지켜나가야 합니다.
　이들 바라밀이 생활화될 수 있도록 끊임없이 서원하
고 회향하기를 축원 드립니다.
　나무아미타불

승보僧寶에 대하여

승가의 칠중

승보僧寶는 달리 승가僧伽라고 합니다.

승가는 범어 '상가Saṃgha'를 음역한 단어로, 중衆 또는 화합중和合衆으로 의역합니다. 고대 인도인들 사이에서는 이 상가가 공화국이나 조합을 뜻하는 말로 사용되었는데, 불교에서 그 운영방법과 조직체계를 받아들인 뒤부터는 불교교단佛敎敎團을 지칭하는 말로 사용되었습니다.

승가, 곧 불교교단의 구성원은 크게 출가중出家衆과 재가중在家衆으로 나누기도 하고, 사부대중四部大衆 또는 칠중七衆으로 세분하기도 합니다.

사부대중이라고 하면 남자수행승인 비구比丘와 여자수행승인 비구니比丘尼, 재가의 남자 신도인 우바새優婆塞와 여자 신도인 우바이를 지칭하며, 이들 사부대중에다 사미沙彌·사미니沙彌尼·식차마나式叉摩那를 합하면 칠중七衆이 됩니다.

사미沙彌는 사미십계沙彌十戒를 받고 수행하는 남자 승려입니다. 처음 출가한 남자는 6개월 또는 1년 동안 행자行者의 생활을 하면서, 승려가 될 자질을 점검받고 스스로 출가의 결심을 다진 다음, 은사恩師를 정하고 사미십계를 받아 사미가 되는 것입니다. 보통 20세까지는 사미로 있다가, 만 20세가 되면 구족계具足戒를 받아 비구가 됩니다.

사미니沙彌尼는 불교교단에 처음 입문하여 십계十戒를 받고 수행하는 여자 승려로, 처음 출가를 하면 1년 또는 그 이상의 행자行者 기간 동안 승려가 될 자질과 인내를 시험받게 되며, 그때 스스로의 결심이 뚜렷하면 은사를 정하여 사미니가 됩니다.

보통 18세 전까지는 사미니로 머무르고, 18세부터 2년 동안 식차마나式叉摩那가 되어 육법계六法戒를 준

수한 다음, 20세에 비구니가 됩니다.

이들 사미와 사미니는 살생을 하지 말라〔不殺生〕, 도둑질하지 말라〔不偸盜〕, 음행하지 말라〔不淫〕는 등의 가장 기초적인 계율 열 가지〔十戒〕를 지켜야 합니다.

사미·사미니·식차마나 시절에 무엇보다 중요한 것은 마음속에 자비심을 기르고 반드시 성불成佛하겠다는 원願을 세우며, 중생 교화를 위해 몸과 마음을 모두 바칠 것을 거듭 다짐하는 일입니다. 그리고 세속에 대한 미련을 버리고, 참다운 불도 수행을 위한 기초를 다져가야 합니다.

비구比丘는 부처님께서 제정하신 구족계具足戒인 250계를 지키며 수행하는 남자 승려로, 뜻으로 번역하여 걸사乞士·파악破惡·근사남勤事男이라고 합니다.

또 **비구니**比丘尼는 구족계인 348계를 지키며, 수행하는 여자 승려입니다.

이들 비구와 비구니에게는 다섯 가지 지녀야 할 덕목이 있습니다.

① 사유재산을 모으지 않는다.

② 번뇌·망상을 깨뜨린다.

③ 탐·진·치에서 벗어나 해탈의 자리에 머문다.

④ 계율을 청정하게 지킨다.

⑤ 외도外道와 악마를 두렵게 한다.

　남자 신도인 **우바새優婆塞**는 신남信男·청신사淸信士로 번역하고, 여자 신도인 **우바이優婆夷**는 신녀信女 또는 청신녀淸信女로 번역되어집니다.

　스님들이 많은 계율을 지키고 수행하는 것을 의무로 삼듯이, 재가신도들에게도 일정한 의무가 주어집니다. 최소한의 조건으로 삼보에 귀의하고〔三歸依〕, 살생〔殺〕·도둑질〔盜〕·사음〔淫〕·거짓말〔妄〕·음주〔酒〕를 하지 않겠다는 5계를 받는 것입니다.

　아울러 삼보를 신봉하면서 가정을 잘 지키고, 바른 직업에 종사하고, 진실을 말하고, 남의 이익을 도모하고, 정성껏 노력하여 신뢰를 얻고, 명예와 재산을 얻고, 획득한 재물은 남에게도 나누어주라고 가르치고 있습니다.

예불문 속의 승보

이제 이 칠중과 조금 다른 측면에서 승보를 살펴봅시다. 우리가 아침저녁으로 외우는 오분향 예불문에는 '지심귀명례至心歸命禮'를 일곱 번 하도록 되어 있는데, 이 일곱 번의 '지심귀명례'는 불·법·승 삼보께 올리는 예배입니다. 첫 번째와 두 번째는 부처님께, 세 번째는 법보法寶를 향하여, 네 번째에서 일곱 번째는 승보들께 올리는 절입니다.

그런데 이 예불문 속의 승보에는 앞에서 살펴본 칠중 속에는 포함되어 있지 않은 사대보살이 가장 먼저 등장합니다.

지심귀명례 대지문수사리보살 대행보현보살
　　　　대비관세음보살 대원본존지장보살 마하살

부처님의 가족인 승보僧寶 중에서 가장 경지가 높은 보살대중菩薩大衆에 대해 절을 올리며 귀의하라고 한 것입니다. 왜 보살에 대한 귀의가 먼저인가? 우리가 대승불교를 믿고 있기 때문에 보살의 길을 걸어야 한다는 뜻이 간직되어 있습니다.

보살菩薩의 원어는 범어 보디사트바Bodhisattva이며, 직역하면 '불법으로 중생을 교화하는 이〔以佛道化衆生〕' 또는 '깨달은 유정〔覺有情〕'이 됩니다.

그런데 보살이 되려면 '위없는 깨달음을 이루어 기필코 부처가 되겠다'는 서원을 굳게 세우고, '위없는 깨달음을 이루기 위해 어떠한 고난도 능히 극복하겠다'는 결심을 가져야 합니다. 나아가 '다른 중생의 고난도 기꺼이 짊어지고 그들을 구원하면서 불도의 완성을 위해 정진하겠다'는 자리이타自利利他의 마음을 발하지 않으면 안 됩니다.

이러한 보리심을 일으키게 하여 보살의 삶, 곧 부처가 되는 자리自利의 길 속으로 들어서도록 인도하는 가장 대표적인 분은 문수보살이며, 올바른 수행의 원願을 불러일으켜 깨달음의 세계로 나아가도록 하는 분은 보현보살입니다.

그리고 대자비로써 중생의 고난을 없애주는 대표적인 이타利他의 보살은 관세음보살과 지장보살입니다.

그래서 이들 사대보살의 명호를 부르면서 지심귀명례를 하는 것이며, 이러한 보살이 매우 많다는 것을 나타내기 위해 '마하살'이라는 단어를 뒤에 붙인 것입니다.

예불문에 보살 다음으로 등장하는 승보는 석가모니불께서 이 세상에 계실 때 도를 깨달아 활동했던 위대한 제자들입니다.

"지심귀명례 영산당시 수불부촉 십대제자 십육성
오백성 독수성 내지천이백제대아라한 무량자비성중"

석가모니불께서 이 세상에 계셨을 때의 제자는 많고 또 많았습니다. 그야말로 '무량자비성중'이었습니다. 그분들이 인도 전역으로 부처님의 가르침을 퍼뜨려 불교는 크게 교세를 떨치게 되었는데, 그 많은 제자들 중에서 특히 중요한 역할을 맡아 불교교단의 확립과 중생교화에 큰 공헌을 한 열 분의 제자를 일컬어 '십대제자十大弟子'라고 하였습니다. 그분들의 이름은 다음과 같습니다.

지혜제일 사리불舍利弗   신통제일 목건련目健連

두타제일 대가섭大迦葉	해공제일 수보리須菩提
설법제일 부루나富樓那	논의제일 가전연迦旃延
천안제일 아나율阿那律	지계제일 우바리優婆離
밀행제일 라후라羅睺羅	다문제일 아난다阿難陀

현재 우리가 추앙하고 있는 이들 십대제자는『유마경』제자품弟子品에 등장하는 열 분 스님들로, 한 분 한 분이 석가모니불의 독특한 능력을 하나씩 지니고 있습니다. 그래서 그 이름 앞에 '○○제일'이라는 칭호를 붙여 부르고 있습니다. 과연 우리는 이 십대제자 중 어느 분과 가장 닮았을까요?

'십육성十六聖'은 사찰 내의 나한전이나 응진전應眞殿에서 조각상이나 탱화를 통하여 접할 수 있는 열여섯 분의 아라한, 곧 십육나한十六羅漢이 그분들입니다.
이들 십육나한은 일찍이 열반에 드신 십대제자와는 달리, 같은 시간 같은 공간 안에서 우리 곁에 머물러 계시면서 언제나 깨달음의 길을 열어주고 크나큰 신통력으로 우리의 소원을 들어준다고 합니다. 그분들의 이름은 다음과 같습니다.

1. 빈두로파라타 존자   2. 가낙가벌차 존자

3. 가낙가발리타사 존자   4. 소빈다 존자

5. 낙거라 존자   6. 발타라 존자

7. 가리가 존자   8. 벌나사라불와라 존자

9. 술박가 존자   10. 반탁가 존자

11. 라후라 존자   12. 나가서나 존자

13. 인계타 존자   14. 벌나파사 존자

15. 아시다 존자   16. 주리반탁가 존자

이 열여섯 분의 위대한 스님들은 완전한 해탈의 경지인 열반에 들지 않고 뛰어난 신통력으로 해탈과 행복을 구하는 중생들을 깨우쳐주고 구원해주십니다.

그러한 분들이기에 자기만의 해탈을 목표로 삼는 소승의 아라한들을 은근히 무시하고 있는 중국이나 우리나라와 같은 대승불교권에서도, 빈두로 존자를 비롯한 십육나한은 승보신앙僧寶信仰의 대표적인 존재로 굳건히 자리매김을 하게 된 것입니다.

그리고 십육성에 이어 나오는 **오백성五百聖**은 오백나한五百羅漢으로, 부처님 열반이후 중생교화와 말세 중

생의 복을 위해 열반에 들지 않고 이 세상에 머물기로 스스로 작정한 오백명의 성인들입니다.

이 십육나한과 오백나한님들의 모습은 매우 특이합니다. 불보살님의 모습처럼 정형화된 격식을 갖춘 것도 아니요, 일반 수행승의 진지하면서도 단아한 모습을 갖춘 것도 아닙니다. 인간미가 듬뿍 넘치고 마냥 자유롭습니다.

입이 찢어질 듯이 크게 웃고 있는 나한이 있는가 하면, 눈을 지그시 감고 염주를 굴리는 나한, 잔뜩 찡그리고 있는 나한, 이를 살짝 드러내고 살포시 미소 짓는 나한도 있습니다. 또한 얼굴이 온통 주름투성이인 나한, 희고 긴 눈썹이 어깨에까지 내려오는 나한, 귀가 크고 코끝이 뾰족한 나한, 듬성듬성한 이빨에 두터운 입술을 가진 나한 등, 모습이나 표정이 그야말로 제각각입니다.

그리고 자세나 주변 환경 또한 제각각입니다. 구름을 타고 내려오는 나한, 굴속에 앉아 있는 나한, 아이를 기르는 나한, 동물을 희롱하는 나한, 한쪽 팔이 유난히 긴 나한, 한쪽 다리가 유난히 긴 나한 등…. 오백나한은 표정이며 앉음새며 옷매무새가 하나같이 다릅니다. 그야말로 개성이 뚜렷하기 짝이 없습니다.

그래서인지 이러한 나한님께 기도를 드릴 때는 남달리 정성을 기울일 것이 요구됩니다. 몸은 정결히 하여야 하며, 공양을 올려도 오백나한 한 분 한 분께 조금씩 모두 올리는 것을 좋아하고, 절을 해도 한 배씩 모두에게 차례로 올린다는 자세로 절을 해야 한다는 것입니다.

만일 그렇지 않으면 대접을 소홀히 받은 나한이 못내 섭섭하게 여겨 소원을 성취시켜주지 않는다고 합니다.

이들 오백나한님들은 중국의 경우 당나라 말기 때부터 널리 신봉되었고, 우리나라에서는 고려시대부터 본격적인 믿음의 대상으로 삼아 사찰에 별도의 전각을 지어 봉안하고 아침저녁으로 예배를 드렸습니다.

미륵불이 출현할 때까지 이 사바세계에 머물면서 말세 중생들에게 복을 주고 어려움을 해결해주시는 십육나한과 오백나한님들. 과연 어느 누가 이분들을 소승의 나한이라 치부하며 감히 무시할 수 있겠습니까?

또 **독수성獨修聖**은 불교의 수행자를 성문聲聞·연각

緣覺·보살의 3종으로 분류할 때 그 셋 중의 하나인 연각으로, 벽지불辟支佛·독각獨覺이라고도 합니다.

부처님의 가르침을 듣고 도를 깨닫는 성문과는 달리, 외부의 가르침에 의지하지 않고 홀로 인연의 법칙을 관찰함으로써 깨달음을 얻는 존재임으로 연각 또는 독각이라고 칭합니다.

그러나 남을 구제하는 부처님과는 달리 자기만의 깨침을 목표로 삼고 있으며, 산림山林에 은둔하여 세상 사람들을 지도하지도 제도하지도 않는 분으로 알려져 있습니다.

'**천이백제대아라한**千二百諸大阿羅漢'은 부처님께서 초기 몇 년 동안 불교교단을 이룩할 때 제자로 삼은 분들로, 여러 경전에서는 1,250명으로 표기하고 있습니다. 그러나 보다 정확히 이야기하면 1,290명입니다. 왜 1,290명인가?

① 부처님의 녹야원 첫 설법을 들은 5비구의 귀의
② 야사를 따라 출가한 바라나시 청년 55명의 귀의
③ 보석과 옷을 잃고 방황하던 청년 30명의 귀의

④ 가섭 3형제와 제자 1천명의 귀의

⑤ 사리불·목건련과 제자 2백명의 귀의

이렇게 귀의한 제자의 수를 다 더하면 1,290명입니다. 부처님께서는 성불한 뒤 불과 몇년만에 총 1,290명의 제자를 얻게 되었고 불교 교단은 완전히 자리를 잡게 되었습니다.

그리고 이들 1,290명의 제자들은 모두 도를 깨달아 아라한의 경지에 이르렀으므로, 『예불문』에서는 이분들을 총칭하여 '천이백제대아라한千二百諸大阿羅漢'이라고 한 것입니다.

1천2백 명이 넘는 아라한을 갖춘 불교는 이후 인도 방방곡곡으로 급속히 전파되어 부처님 당시에 이미 무량자비성중無量慈悲聖衆을 이루었고, 세월의 흐름과 함께 여러 나라로 전파되어 세계의 종교로 자리 잡게 된 것입니다.

"지심귀명례 서건동진 급아해동 역대전등 제대조사
천하종사 일체미진수 제대선지식"

이 여섯 번째 지심귀명례 구절은 부처님께서 열반에 드신 뒤부터 오늘에 이르기까지 도를 이루신 훌륭한 스승들을 가리키고 있습니다.

서건동진급아해동西乾東震及我海東의 '서건西乾'은 부처님께서 계셨던 인도를 가리킵니다. 중국인들은 인도를 '서천축국' 또는 '서건'이라고 불렀던 것입니다. 그리고 '**동진**東震'은 중국을 가리킵니다. 이때의 '진震'은 중국을 뜻하는 '진단震旦'의 줄인 말이며, 인도의 동쪽에 있다고 하여 동진이라 불렀습니다.

'**아해동**我海東'은 우리나라를 지칭합니다. 중국인들은 우리나라를 바다 건너 동쪽에 있는 나라라고 하여 '해동'이라 불렀고, 우리나라 스님들도 이를 그대로 받아들여 '해동사문海東沙門'이라는 표현을 사용하였습니다.

이렇듯 인도에서 발생한 불교는 중국을 거쳐 우리나라로 전해진 것입니다. 그럼 누가 이 불법을 오늘날에까지 이르게 하였는가? 바로 역대의 큰스님들입니다.

부처님의 법은 아무에게나 전해지지 않았습니다. 충

분한 자질과 깨달음을 갖춘 제자에게, 이 등불에서 저 등불로 불을 옮겨 붙이듯이 전해졌습니다. 그래서 '역대전등歷代傳燈'이라고 합니다. 선종은 선종대로, 교종은 교종대로, 율종은 율종대로 전등의 절차를 거쳐 그 맥을 전하였던 것입니다.

　제대조사諸大祖師의 '조사'는 1종 1파를 세운 스님이나, 법의 등불을 이어받은 큰 스승님들께 붙이는 칭호입니다.

　불교를 크게 선종과 교종으로 나눌 때, 특히 선종에서 '조사'라는 명칭을 많이 사용하고 있습니다. 선을 받드는 종파와 분파에서 한결같이 받드는 조사로는 33조사가 있습니다.

　석가모니불로부터 선법을 전해 받은 제1조인 마하가섭摩訶迦葉 존자로부터 제28조인 달마達磨대사까지의 서천西天(인도) 28조사에다, 중국의 초조가 된 달마대사의 선법을 이은 2조 혜가慧可 → 3조 승찬僧璨 → 4조 도신道信 → 5조 홍인弘忍 → 6조 혜능대사慧能大師 등의 다섯 분을 더하여 33조사라 칭하고 있습니다.

우리나라의 대표적인 선종 조사로는 신라 말기의 도의道義를 비롯한 구산선문九山禪門의 개창주, 고려 중기에 조계종을 연 보조국사 지눌知訥, 고려 말기에 중국의 임제종을 들여온 보우普愚와 나옹懶翁, 조선 중기에 불교를 중흥시켰던 서산대사 휴정休靜 등을 꼽고 있습니다.

또 교종에서는 신라의 자장慈藏(계율종)을 비롯한 원효元曉(법성종) · 의상義湘(화엄종) · 진표眞表(법상종)와 고구려의 보덕普德(열반종), 고려 시대의 의천義天(천태종) 등이 대표적인 조사로 꼽히고 있습니다.

천하종사天下宗師의 '종사'는 불교 각 종파를 대표할 수 있는 큰스님을 지칭하는 단어입니다. 대한불교조계종의 경우, 생존해 계신 분 중에서는 종정宗正 또는 승랍이 오래되고 도력이 큰 고승이라야 '종사'라는 칭호를 사용할 수 있습니다.

조사나 종사에 비해 훌륭한 스승님들께 쉽게 쓸 수 있는 칭호가 '선지식善知識'입니다.

흔히 선지식을 선우善友 · 승우勝友 · 친우親友 · 선친우

善親友라고도 합니다. 왜냐하면 선지식은 그야말로 가까운 벗이 되어, 중생들을 고통의 세계에서 벗어나 해탈의 세계로 나아가게 하기 때문입니다.

보다 정확히 말하면 선지식은 스님만을 지칭하는 단어가 아닙니다. 불법과 인연을 맺어주고 깨달음의 길로 이끌어주면 누구나 선지식이 될 수 있습니다. 이를 입증하는 좋은 예가 『화엄경』 입법계품入法界品의 주인공인 선재동자善財童子가 찾아가 도를 물은 53선지식입니다.

이들 53분 중에는 보살·비구·비구니뿐만 아니라 장자·바라문·외도外道·야신夜神도 있습니다. 남자아이·여자아이도 등장하며, 심지어는 몸을 파는 창녀까지 도를 일깨워주고 있습니다. 그래서 **일체미진수 제대선지식**이라 한 것입니다. 이토록 많은 우리의 선지식들. 얼마나 든든하고 환희로운 표현입니까!

승가의 기본정신

이제까지 우리는 승가의 구성요소인 칠중七衆과 예불문에서 믿음의 대상이 되고 있는 보살과 나한·조사·선지식 등에 대해 간략히 살펴보았습니다.

승가, 곧 불교교단은 이와 같은 대중들이 모두 모여서 이룩된 것입니다. 하지만 그들은 막연하게 모여 있는 것이 아닙니다. 부처님의 가르침을 받들고 행할 뿐 아니라, 화합을 생명으로 삼고 있습니다. 그래서 이 승보를 달리 화합승가和合僧伽요 화합중和合衆이라고 칭합니다.

승가가 화합하고, 대중이 화합하기 위해서는 어떻게 해야 하는가?

모두가 있을 자리에 있어야 합니다. 출가승려는 '출가出家'의 본뜻 그대로 세속의 모든 인연을 벗어버리고 번뇌망상으로부터 떠나야 하며, 재가신도들은 스님들의 가르침을 잘 수용하고 스님들께서 잘 공부할 수 있도록 이바지하는 일을 게을리하여서는 안 됩니다.

나아가 불교교단은 각각의 개성을 지닌 사람들이

각지에서 모여들어 이룬 집단인만큼, 서로가 화합을 하고자 애를 써야 합니다. 서로가 개성을 죽이고 화합을 위해 노력할 때 화합이 이루어지는 것입니다.

아울러 교단의 화합은 개인의 수행과도 직결됩니다. 교단이 평화로울 때 개인은 좋은 환경에서 올바로 수행할 수 있게 되기 때문입니다.

그렇다면 교단의 화합과 더불어 개개인이 어떠한 시비에도 동요됨이 없이 편안히 수행하기 위해서는 평소 어떻게 살아야 하는가? 부처님께서는 이를 위한 여러 가지 가르침을 주셨는데, 그 가운데 대표적인 것이 육화경과 사성언입니다.

육화경六和敬은 불교교단의 화합을 위한 가장 기본적인 여섯 가지 덕목으로서, 대부분의 불교국가에서는 이를 통하여 교단의 불화와 분열을 막고 있습니다.

· 몸으로 화합할지니 함께 머물러라〔身和共住〕
· 입으로 화합할지니 다투지 말라〔口和無諍〕
· 뜻으로 화합할지니 함께 일하라〔意和同事〕
· 계율로써 화합할지니 함께 닦아라〔戒和同修〕

·바른 견해로 화합할지니 함께 깨달아라〔見和同解〕
·이익으로 화합할지니 균등하게 나누어라〔利和同均〕

　이 여섯 가지 모두가 밖으로는 남의 선행을 일깨워
주는 것이기 때문에 '화和'라 하며, 안으로는 스스로
겸손을 갖추고 남의 명예와 이익을 존중해주는 것이
기 때문에 '경敬'이라고 합니다.
　그리고 **사성언**四聖言은 시시비비를 불러일으키지 않
는 바른말을 가리키며, '바르면〔正〕 성聖과 통한다'고
하여 성언이라 하였습니다.

·보지 않았으면 보지 못하였다고 말하라
·듣지 않았으면 듣지 못하였다고 말하라
·깨닫지 못하였으면 깨닫지 못하였다고 말하라
·알지 못하는 것은 알지 못한다고 말하라

　곧 보지도 듣지도 깨닫지도 알지도 못하는 것을 보
고 듣고 깨닫고 알았다고 우길 때, 그와 같은 억지에
서부터 모든 시시비비는 일어나게 되므로 이를 경계한
가르침입니다. 언제나 솔직하고 부드럽고 순수한 말

을 하는 것이 가장 요긴한 비결이 됨을 잊지 말아야 할 것입니다.

부처님께서 귀의하라고 하신 승보! 그것은 바로 화합승가입니다. 비록 승가의 구성원 한 분 한 분은 그다지 힘이 없을지 모르지만, 그분들이 화합하면 보배롭고 무서운 힘을 발휘하게 됩니다.

우리 모두 화합하는 승보[僧寶]가 되어 참된 가르침[法寶]을 배우면서 부처님[佛寶]이 되는 길을 함께 나아갑시다.

나무아미타불

계·정·혜 삼학
戒　定　慧　三學

불교의 근본계율

나를 되찾는 선정

지혜 깊은 삶은 밝다

앞에서 우리는 불자들이 꼭 믿고 받들어야 하는 불보·법보·승보의 삼보에 대해 살펴보았습니다. 이제 불자들이 위 없는 깨달음을 성취하고 행복하게 살고자 할 때 마땅히 배워야 할 세 가지 공부인 삼학三學에 대해 차근차근 공부해 보고자 합니다.

불교의 공부 방법인 계戒·정定·혜慧 삼학三學 가운데 가장 앞서는 것이 계학戒學입니다.

곧 계율을 잘 지켜 몸과 마음을 잘 단속하면 삶이 편안해져서 선정禪定을 쉽게 이룰 수 있게 되고, 선정으로 마음이 고요하고 맑아지면 밝은 지혜智慧의 빛이 생겨나 해탈을 이룰 수 있게 됩니다.

계·정·혜 삼학 중 첫번째 공부 방법인 '계戒'는 삶 속에서 나쁜 버릇을 끊어버리고 좋은 일을 닦는 것으로, 이 계를 한마디로 정의하면 '조심한다'는 말로 풀이할 수 있습니다.

무엇을 조심하라는 것인가? 몸과 말과 생각을 조심하라는 것입니다. 몸과 말과 생각을 조심하여 그릇됨을 막고 악을 멈추게 할 뿐 아니라, "모든 좋은 일을 발생시킨다"는 만선발생萬善發生의 적극적인 의미가 담겨 있습니다.

그러나 불교의 계율은 너무나 복잡합니다. 하여 여기에서는 모든 계율의 근본이 되고, 불자라면 누구나 지키도록 되어 있는 불살생·불투도·불사음·불망어·불음주의 근본 5계를 중심에 두고 살펴보겠습니다.

계·정·혜 삼학三學 중 두 번째 공부 방법인 정학定學입니다. 해탈을 염원하는 우리는 무엇보다 자기의 마음을 하나로 모으는 공부를 해야 하는데, 이 마음 모음이 정학입니다.

'정定'은 곧 선정禪定으로, 마음이 안정되었다는 말입니다. 고요한 마음, 집중된 마음, 맑은 마음, 편협됨이 없는 마음, 바른 마음, 안정된 마음을 이루는 것을 선정이라 합니다.

참선을 비롯하여 염불·주력·사경·독경·관법 등 여러 가지 방법이 있으며, 이 공부 방법 중에서 무엇을 택하느냐는 개인의 근기根機를 따르면 되는데, 여기에서는 선정과 번뇌와의 관계를 중심에 두고 글을 엮어 가고자 합니다.

삼학의 세 번째인 혜학의 '혜'는 반야般若입니다. 반야의 산스크리트 원어는 프라즈나prajña로서, 마음이 밝아졌을 때 나타나는 '근원적 예지'로 풀이됩니다. 곧 '

있는 그대로'를 비추어 볼 수 있는 지혜가 반야인 것입니다.

선정을 통하여 마음의 물결이 고요해지고, 고요함 속에서 모든 번뇌의 찌꺼기들이 가라앉으면 물은 차츰 맑아집니다. 맑아진 물은 다시 밝아지고, 밝아지면 모든 것이 또렷이 비칠 뿐 아니라 물 속까지도 잘 볼 수 있게 됩니다. 이렇게 안과 밖의 모든 것을 있는 그대로 볼 수 있는 지혜가 반야입니다.

이 혜학에서는 지혜로운 이의 삶에 대한 이야기와 함께, 분별지와 무분별지, 부처님의 네 가지 큰 지혜와 혜학을 성취하는 방법 등에 대해 논하겠습니다.

불교의 근본계율

불자들의 삶과 공부는 계율을 올바로 지키는 것으로부터 시작되어야 합니다. 아무리 깊은 선정을 닦고 지혜를 이루는 공부를 할지라도, 감로의 해탈법을 담는 그릇인 계기戒器가 온전하지 못하다면 감로수가 온전하게 보전될 수 없습니다. 따라서 불자다운 삶을 살고자 하면 부처님께서 제정하신 계율을 잘 지키며 살아야 합니다.

특히 재가계·출가계·보살계 등의 모든 계율에서 공통적으로 보이고 있는 불살생·불투도·불사음·불망어의 근본 4계에, 불음주계를 합한 5계를 잘 이해하고 지키게 되면, 참된 해탈이 보장되는 계기戒器를 잘 만들 수 있게 되고, 그 계의 그릇 속에다 자비慈悲·복덕福德·청정淸淨·진실眞實·지혜智慧의 감로수를 한껏 담을 수 있게 됩니다.

이제, 이 5계를 집중적으로 살펴봅시다.

불살생

불교의 근본계율인 5계 중 제1계는 불살생계不殺生 戒입니다.

그런데 이 불살생계를 왜 첫머리에 둔 것일까? 그 까닭은 생명 존중의 정신과 자비심을 기르기 위해서 입니다.

인생에 있어 가장 큰 괴로움은 죽음입니다. 아무리 장수를 하고 유복하게 일생을 산 사람이라 할지라도 '이제 살 만큼 살았으니 그만 죽어라'고 하면 여간 싫 어하지 않습니다.

끝없이 살려 하고 무조건 죽기 싫어하는 것이 생명 을 지닌 모든 존재의 공통된 본능이기 때문입니다.

이와 같이 어떤 중생이든 본능적으로 가장 소중하게 여기는 것이 생명이며, 가장 소중한 생명을 끊는 것보 다 더 큰 죄업이 없기에, 부처님께서는 계율의 첫머리 에 불살생계를 두신 것입니다.

그럼 이 살생을 저지르면 어떠한 과보를 받게 되는 가? 당연히 그 과보는 죽음 또는 죽음과 버금가는 고 통으로 이어집니다. 단명短命하고 병이 많은 사람도 전생의 살생 업을 지금 받고 있는 것이라고 합니다.

인과응보와 생사윤회를 믿는 불자는 이 살생계를 최대한 지켜야 합니다. 뿐만 아니라 참된 자비심을 일으켜서, 일체중생을 평등하게 아끼고 사랑하는 불자가 되고자 노력해야 합니다.

이렇게 불살생계에서 한 걸음 더 나아가, 자비로써 생명을 살리면 그 공덕은 참으로 불가사의한 데까지 이릅니다.

무릇 방생放生을 하고 생명을 살리면 몸에 있던 병도 낫고 업장도 소멸되고 운명도 능히 새롭게 바뀌게 됩니다. 참으로 '나'를 사랑하는 이라면, '불살생'에서 한 걸음 더 나아가 뭇 생명을 살리는 자비의 길로 들어서야 합니다.

이제 살생계와 관련하여 누구나 가질 수 있는 한 가지 의문을 제기해 보고자 합니다. 그것은 '그 어떠한 경우에도 살생계를 지켜야 하는가?'하는 것입니다.

세상에서 사회생활을 하는 불자들, 특히 형벌을 담당하는 관리·군인·판사·검사·경찰관·어민 등은 직업상 살생을 피할 수 없을 때가 있습니다. 죄가 있는 이에게 벌을 주지 않고서는 사회의 안녕과 질서를 유지할 수 없을 때가 있기 때문입니다.

이 경우에는 어찌해야 하는가? 옛 큰 스님들은 말씀하셨습니다.

"혹 한 사람을 죽여서 한 마을을 구하고, 많은 사람을 죽여서 큰 고을이나 한 나라를 구할 수 있는 경우가 있다. 이러한 때 훌륭한 방편을 구사하되, 그때그때의 상황에 따라야 할 것이다."

실로 형편에 맞추어 슬기롭게 베푸는 방편은 중생을 이롭게 하는 자비행이 됩니다.

그리고 착한 마음과 불쌍히 여기는 마음으로 그 사람의 목숨을 끊었다면, 그 행위는 결코 살생계를 범하였다고 보지 않습니다. 『다라니경』의 말씀을 살펴보면 이는 더욱 분명해집니다.

"만일 무간지옥에 떨어질 다섯 가지 큰 죄를 짓거나, 대승경을 비방하거나 나라의 역적을 도모하거나, 정법을 어지럽히는 사람을 보거든, 자비로써 연민을 일으켜 마땅히

항복 받는 법을 지어야 하느니라."

　이와 같이 정법을 실현시키기 위해 살생을 하거나, 많은 사람을 구하고자 하는 착한 마음과 자비심에 입각하여 살생을 하였다면 계를 범한 것이라고 보지 않습니다.
　실로 불살생계에 담긴 참뜻은 '죽이지 않는다'는 것에 머물지 않고, 보다 적극적으로 생명을 존중하고 생명의 가치를 깨달아, 서로 돕고 서로 살리며 살아가도록 하는 데 있습니다.
　서로의 생명 속에 숨겨져 있는 능력이 매몰되지 않도록 하고, 숨은 능력이 잘 발휘될 수 있도록 노력을 아끼지 않는다면, 그 노력 자체가 깨달음의 씨가 되어 무한한 행복과 자유라는 결과를 가져다주게 된다는 것을 꼭 기억하시기 바랍니다.

불투도

　근본계율 중 두 번째는 불투도不偸盜로 남의 재물을 훔치지 않는 것입니다.

　왜 생명과 관련된 제1 불살생계 다음의 자리에 불투도를 둔 것일까? 여기에는 중생의 생존과 관련된 까닭이 깃들어 있습니다.

　형상을 지닌 중생이면 누구든 음식을 먹고 영양을 섭취함으로써 생명을 유지해 갑니다. 또 최소한의 생활을 하려면 먹는 것 이외에 의복과 주택이 있어야 합니다. 이러한 '의식주衣食住' 속에는 매우 복잡한 인연의 고리들이 얽혀져 있으며, 의식주와 관련된 모든 물건들은 제2의 생명과도 같은 것입니다.

　그런데도 사람들은 알게 모르게 남의 것을 취하는 경우가 많습니다. 때로는 그것이 큰 죄가 되지 않는다고 생각하는 사람도 가끔 접하게 됩니다.

　그러나 남의 재물을 도둑질하는 것은 남의 생명을 간접적으로 빼앗는 것이 되기 때문에, 훔치는 투도계를 살생계 다음의 중계重戒로 제지하게 된 것입니다.

과연 이 투도는 무엇에서 비롯되는 것인가? 바로 탐욕심입니다. 소유하고자 하고 마음대로 하고자 하는 탐욕심이 마음을 덮으면 지혜가 흐려져 온갖 죄업을 짓게 됩니다. 나아가 탐욕의 극치인 투도는 탐욕심을 더욱 조장하여, 우리의 불성 속에 깃들어 있는 자비심을 외면해버립니다.

그러므로 탐욕으로 저지른 투도에는 반드시 지엄한 과보가 따르기 마련이요, 그 업 또한 매우 무섭습니다. 때로는 말할 수 없는 가난 속에 살아야 하고, 때로는 거지처럼 한 끼의 식사를 위해 구걸을 해야 하고, 때로는 추위에 떨어야 합니다.

그럼 투도죄의 과보는 결코 면할 수 없는 것인가? 아닙니다. 고난의 현실 속에서 '나'의 마음가짐을 바꾸어 복덕을 쌓고 살면, 오히려 크나큰 행복을 '나'의 것으로 만들 수 있습니다.

어떻게 해야 투도죄로 인한 불행한 삶을 행복한 삶으로 바꿀 수 있을까? 두 가지 방법이 있습니다. 첫째는 현재의 업을 기꺼이 받는 것이요, 둘째는 베풀어서 복덕을 쌓아가는 것입니다.

대부분의 사람들은 자신의 팔자를 한탄하며 살아갑니다. 그리고 주위를 탓하고 원망하며 살아갑니다. 그러나 이렇게 사는 이상에는 업이 바뀌지 않습니다. 오히려 업의 결박만 더욱 조여들 뿐입니다.

그렇다면 어떻게 해야 하는가? 윤회와 인과를 철저히 믿고 내가 지은 업을 내가 기꺼이 받겠다는 자세로 살아가야 합니다. 그렇게 한다면 틀림없이 고통을 벗어나 복된 삶을 영위할 수 있습니다.

욕심을 비우고 '기꺼이 받겠다'고 하십시오. 기꺼이 받고자 할 때 모든 것은 풀립니다. 매사에 한 생각을 바르게 가져 맺힌 것을 풀어나가고, 푼 것을 더욱 좋은 인연으로 가꾸어야 합니다.

나아가 가난한 이웃을 돕는 선행과 보시를 하게 되면 팔자가 바뀝니다.

어떻게 이것이 가능한가? 보시를 하는 그 마음 자체가 도심道心이요, 우리를 잘 살게 만들어 주는 선공덕善功德이기 때문입니다.

우리 모두 가진 재물로써 능력껏 베풀어 봅시다. 가진 것을 베풀 때 인색한 마음은 저절로 사라집니다.

탐하는 마음과 더불어 인색한 마음이 사라지므로 정신은 맑아지고, 재물로써 남을 살렸으니 마음 가득 환희가 넘치게 됩니다.

정녕 이러한 복덕의 길이 우리 앞에 놓여 있거늘 어찌 탐욕에 빠져 투도의 죄를 저지르며 살 것입니까?

부디 명심하십시오. 불투도를 계율로 제정한 까닭이, 현실의 업을 기꺼이 받아들이고 능력껏 잘 베풀어, 복덕을 이루고 행복한 삶을 이루는 데 있다는 것을….

불사음

근본 5계 중 세 번째인 불사음계는 남녀의 순결과 삶의 청정을 강조한 계율입니다.

대승·소승의 모든 계율에서는 청정한 범행梵行이 아닌 것을 '음淫'으로 규정하고 있습니다. 깨끗하지 못한 사음이 스스로의 본성을 더럽힐 뿐 아니라, 다른 이의 마음자리[心地]까지도 더럽힌다는 것입니다.

그러므로 청정한 법과 함께 다른 사람의 삶까지 더럽히는 사음을 철저히 금하고 있습니다.

사람들은 흔히 '식욕도 본능이요 색욕도 본능이며 명예욕도 본능'이라고 하면서, 탐욕심 때문에 생겨나는 갖가지 문제들을 방치하려고 하는 경향이 있습니다. 그러나 본능을 핑계 삼아 사음 등의 행위를 합리화시키게 되면, 어둡고 추한 업장만을 더 짙게 만들 뿐입니다.

그럼 불사음계를 범한 과보는 어떠한가?

『화엄경』이지품二地品에서는, '사음의 죄를 범하면 삼악도三惡道에 떨어진다'고 정의한 다음, '다시 사람으로 태어나더라도 정숙하지 못한 배우자를 만나거나 뜻에 맞지 않는 가족을 만나게 된다'고 하였습니다.

또한 사음을 행한 과보로는 복을 깎아내리고 주위 사람의 존경을 잃으며, 병을 얻거나 신용을 잃고 패가망신을 하게 된다는 것 등을 들고 있습니다.

요즈음은 사랑과 이별을 너무 쉽게 생각하고 자신의 자유와 쾌락만을 소중히 여기는 사람들이 많습니다. 그러나 이와 같은 혼자만의 자유와 쾌락은 자신을 외톨이로 만들어 버립니다.

그리고 나의 감정에 준하여 만났다가 음행을 하는 것을 어찌 사랑이라 할 수 있겠습니까? 사랑에 한이 맺힌 삶은 죽어서 상사뱀이나 원귀가 되어 원한을 갚는다는 말이 있듯이, 사랑의 배신은 큰 원한을 사는 일이므로 크게 자제해야 합니다.

과연 우리가 이 세상을 살아감에 있어 진정으로 추구해야 할 사랑은 어떠한 것이며, 우리 각자의 신분에서 해야 할 남녀 간의 도리는 무엇이겠습니까?

스스로의 진실한 마음에 그 해답을 물어, 청정하고도 올바른 삶의 길로 나아가야 할 것입니다.

불망어

앞에서 살펴본 불살생·불투도·불사음계는 몸과 말과 뜻의 삼업三業 중 몸으로 짓는 신업身業과 관련된 것이요, 망어를 하지 말 것을 밝힌 불망어계는 구업口業을 다스리는 계입니다.

망어妄語를 순수한 우리말로 바꾸면 '거짓말'이며, 거짓말은 진실이 아닌 것을 진실같이 꾸며서 하는 말입니다. 곧 거짓말은 진실되지 않은 마음, 헛되고 거짓으로 가득 찬 마음에서 우러나오는 말로서, 거짓말을 하는 사람은 반드시 자신을 속인 다음에 다른 사람을 속이게 됩니다.

누구든지 스스로의 진실을 저버리면서 남을 속이게 되면, 그 사람은 참된 삶을 이룰 수가 없고 진실한 도를 이룰 수 없습니다. 왜? 삶과 도가 진실을 근본으로 삼고 있기 때문입니다.

그래서 불교에서는 '망어장도법妄語障道法'이라는 말을 자주 합니다. 망어가 도에 있어 큰 장애가 된다는 것입니다.

또 '망어타옥妄語墮獄'이라는 말도 많이 합니다. 거짓

말을 자주 하면 결국 지옥에 떨어지게 된다는 가르침입니다.

속담에 '바늘 도둑이 소도둑 된다'고 하였듯이, 아무리 작은 거짓말이라도 예사로 하다 보면 큰 거짓말도 서슴없이 저지를 수 있게 되고, 큰 거짓말에 능해지면 지옥의 문이 열리지 않을 수가 없습니다.

실지로 망어를 자주 행하게 되면 스스로에게 이롭지 않은 많은 과보를 받게 되는데, 『대지도론』 권 13에는 망어로 인한 여러 가지 과보를 밝혀 놓았습니다.

① 선신이 멀리 떠나고 나쁜 신이 좋아한다.
② 아무리 진실을 말해도 남이 믿어주지 않는다.
③ 지혜로운 이들이 논의하는 곳에는 참여할 수 없다.
④ 항상 비방을 당하고 추악한 소리를 듣는다.
⑤ 다른 사람을 가르치려 해도 따르는 이가 없다.
⑥ 항상 근심 걱정이 끊이지 않는다.
⑦ 목숨을 마치면 지옥에 떨어진다.
⑧ 지옥에서 나와 사람이 되어도 항상 비난을 받는다.

망어의 결과가 이러하거늘, 어찌 나의 불행과 고립

을 초래하는 망어를 함부로 내뱉을 것입니까? 이제 망어의 여러 가지 유형에 대해 살펴봅시다.

 '그릇된 언어'인 망어는 크게 망언·양설·악구·기어의 네 종류로 나누어집니다.

 ① **망언妄言**은 거짓말 또는 망어妄語라고 합니다. 실제로 있는 것을 없다고 하고 없는 것을 있다고 말하는 것에서부터, 바른 법을 그른 법이라 하고 그른 법을 바른 법이라고 설하는 등, 마음을 어겨서 하는 말은 다 망언에 속합니다.

 ② **양설兩舌**은 서로를 이간시키는 말입니다. 이 사람에게는 이렇게, 저 사람에게는 저렇게 말함으로써 둘 사이를 이간시키고 서로 다투게 만드는 말입니다.

 ③ **악구惡口**는 악담입니다. 추악한 말로써 남을 욕하고 분노케 하며, 저주하는 말로써 상대로 하여금 견디기 어렵게 하는 등의 폭언이 여기에 속합니다.

 ④ **기어綺語**는 비단결처럼 발라 붙이는 말입니다. 화사하고 아첨하는 말, 뜻도 없고 이익도 없는 말, 쓸데없는 정치적 논란이나 모략 등이 여기에 속합니다.

이와 같은 네 가지 종류의 망어는 모두가 삼독심三毒心인 탐욕과 분노와 어리석음 때문에 생겨나는 것입니다. 그러므로 진실되고 평화롭고 부드럽고 도움을 줄 수 있는 말을 하면 능히 삼독을 잠재우고 깨달음의 문을 열 수 있습니다.

실로 인생살이에서 꼭 지킬 수만 없는 것이 불망어계입니다. 이 세상을 살면서 거짓말을 한 번도 하지 않고 사는 사람이 어디에 있겠습니까? 아주 가벼운 거짓말, 불가피한 거짓말, 경우에 따라서는 반드시 거짓말을 해야 할 경우도 있습니다.

예컨대 공포심이 많은 이가 불치병에 걸렸을 때 그 증세를 일일이 말해 준다면 수명까지 단축시키는 결과를 초래할 수 있습니다. 이 경우에 선의의 거짓말을 한다면 어찌 죄가 된다고 할 수 있겠습니까?

또 갑이라는 사람이 을에 대한 험담을 하였을 경우, 을을 찾아가서 갑이 말한 험담을 그대로 전달한다면, 갑과 을 사이에 바람직하지 않은 상황이 벌어질 것입니다. 이럴 때는 사실과 다를지라도 부득이 두 사람을 화합시키는 쪽으로 거짓말을 해야 합니다.

특히, 바른말을 함으로써 선량하고 무고한 사람이

나 수많은 생명이 살상을 면하지 못하는 경우라면, 반드시 거짓말을 하여 저들을 구해 주어야만 합니다.

　대승의 불자들은 무조건 거짓말을 하지 않는 소극적인 지계에 그칠 것이 아니라, 사람의 목숨과 관련된 문제이거나 중대한 분쟁이 발생할 염려가 있을 때에는 마땅히 작은 거짓말을 할 줄 알아야 합니다.
　모름지기 우리 불자들은 불망어계를 지킴에 있어 살리고 깨우치는 부처님의 깊은 가르침을 잊어서는 안 됩니다. 그리고 한 걸음 더 나아가 스스로 정어正語 속에 살면서 인연 있는 중생들에게 정어를 베풀어 불법을 닦는 생활을 할 수 있도록 도와야 할 것입니다.

불음주

근본 5계 중 다섯 번째인 불음주계는 술로 인해 생겨나는 갖가지 혼란과 허물을 막기 위해 제정한 계입니다.

술은 정신을 흐리게 하고 이성을 잃게 하는 성질을 지니고 있습니다. 곧 알코올음료를 일정량 이상 마시게 되면 중추신경이 마비되고, 중추신경이 마비되면 판단력이 흐려지고 감정의 억제력이 저하될 뿐 아니라, 행동이 경솔해지고 여러 가지 허물을 저지르게 됩니다. 그래서 부처님께서는 술을 마시지 말 것을 강조하신 것입니다.

그런데 흔히들 '술 마시는 것은 남의 물건을 도둑질하는 것도 아니고 남을 직접 해롭게 하는 것도 아니니 어떠랴'고 합니다.

맞습니다. 술 자체가 허물이 아니듯이, 술을 마시는 것 자체가 죄가 되지는 않습니다.

살생·도둑질 등은 그 행위 자체가 죄가 되지만, 음주 자체는 죄가 아닙니다. 그러나 다른 죄를 유발시킬 수 있습니다. 곧 술이 사람의 마음을 혼미하게 만들어

살생·투도·음행·망어 등의 죄를 자신도 모르게 저지르게 됩니다.

✿

옛날 한 시골에 마을 사람들로부터 존경을 받는 거사居士가 살고 있었습니다. 재산도 있고 교양과 학식을 갖춘 그는 어느 날 대낮부터 술을 많이 마셔 거의 제정신을 가누지 못할 정도에 이르렀습니다.

그 때 마침 이웃집 닭 한 마리가 모이를 찾아 그의 집으로 들어와서 마당을 휘젓고 있었습니다. 그는 포동포동 살이 오른 암탉을 보자 식욕이 크게 동하여 생각할 여유도 없이 남의 닭을 잡아먹었습니다.

이로 인해 남의 닭을 도둑질하고, 또 살생을 한 두 가지 죄를 저지르게 되었습니다.

닭고기를 안주 삼아 더 많은 술을 마신 그의 취기는 더욱 깊어졌고, 자기 집의 닭이 이웃집으로 들어간 뒤 날이 저물도록 돌아오지 않는 것을 수상하게 생각한 부인이 그의 집을 찾아왔습니다.

"우리 집 닭이 댁으로 들어갔는데 못 보았습니까?"
"나는 전혀 모르는 일이오."

그는 거짓말을 하며 완강하게 부인했습니다. 그러나 닭고기를 먹고 있는 그를 본 부인은 의심이 생겨 발걸음을 옮길 수가 없었습니다.

그런데 한껏 취한 거사의 눈에는 여인의 주저하고 있는 모습이 자신을 유혹하고 있는 듯이 매혹적으로 보였습니다. 그는 동물적인 충동을 참지 못해 부인을 강제로 겁탈했습니다. 마침내 사음죄까지 범한 것입니다.

ξ

평소 계를 잘 지키던 불자요 마을의 지도자였던 그였지만, 불음주계를 어긴 것이 원인이 되어 살생계·투도계·사음계·망어계를 모두 다 범하고 말았습니다.

이와 같이 술은 무서운 범죄를 일으키게 하는 요인이 되기 때문에, 술을 먹지 말라고 한 것입니다.

하지만 재가불자들은 사업상 또는 부득이한 일이 있어 술을 마셔야 하는 경우가 있습니다. 그러할 때는 술을 즐겨 먹지 말고, 취하도록 먹지 말 것이며, 남에게 함부로 권하지 말 것을 일깨우고 있습니다.

물론 술을 해야 하는 때도 있습니다. 서로 불화가

있고 다툼이 있는 사람을 화해시키기 위해, 깊은 불안감을 해소시키기 위해, 피로에 지치고 추위에 떠는 이의 고통을 덜어 주기 위해 술을 주는 것 등입니다. 이는 죄가 되지 않습니다.

영하의 강추위 속에서 근무를 한다거나, 어떤 사정으로 얼어 죽게 된 사람을 살리기 위해 술을 주었다면 오히려 잘한 일로 볼 수 있습니다. 또 직장에서의 부득이한 사정으로 술을 마신 경우라면 계를 어긴 여부를 굳이 따질 필요가 없습니다.

모름지기 술을 마실 때에는 남을 돕고 살리는 정신으로 먹어야 합니다. 스스로 술을 즐겨, 미혹과 타락의 길로 빠져들어서는 안 됩니다. 타락을 위한 술이 아니라 살리고 돕는 술이 되도록 해야 합니다.

아울러 술로 다른 사람의 밝은 지혜를 미혹되게 하거나, 맑고 깨끗한 마음을 번뇌롭고 탁하게 만들어서도 안 됩니다.

이것이 불음주 속에 깃든 뜻이니, 한 잔의 술을 우습게 여기지 말고 진중하게 대하기를 당부드립니다.

불자라면 누구나 지키도록 되어 있는 불살생·불투

도·불사음·불망어·불음주의 근본 5계 뒤에는 자비慈悲·복덕福德·청정淸淨·진실眞實·지혜智慧라는 적극적인 의미가 숨겨져 있습니다.

중생을 죽이지 않는 것으로 만족할 것이 아니라 자비심으로 뭇 생명 있는 이들을 구원하고, 도둑질을 하지 않음에 그치지 않고 널리 베풀어 복덕을 키워 나가야 하며, 사음을 하지 않음은 물론이요 청정한 사랑을 이루어가야 합니다. 또한 헛된 말을 떠나 진실을 이루며, 술에 취하는 상태를 멈추고 지혜를 발현시켜야 합니다.

단순히 몸조심하고 말조심하고 행동조심을 하여 신·구·의 삼업을 잘 다스린다고 하는 계율의 소극적인 의미를 넘어서서, 마음으로 자비와 지혜를 기르고, 입으로 진실을 가꾸고, 행동을 통하여 복덕과 청정행을 쌓아 갈 때, 계의 향기는 저절로 널리 널리 퍼져 나가게 되는 것입니다.

부디 모든 불자들이 불살생·불투도·불사음·불망어·불음주의 5계를 잘 지켜 깨달음과 행복의 길로 나아가시기를 축원하고 또 축원 드립니다.

나를 되찾는 선정

선정이란

계·정·혜 삼학三學 중 두 번째인 정학定學, 곧 선정禪定에는 부처님의 깊은 뜻이 숨겨져 있습니다. 그것이 무엇인가?

사람들이 관능적인 욕심의 노예가 되어 제멋대로의 향락을 채우면서, 온갖 불행과 비극을 자아내며 살아가고 있는 것을 안타까이 여긴 부처님께서는, 사람들로 하여금 제정신을 차리도록 하기 위해 불교라는 큰 가르침을 펴셨으며, 그 가르침 중에 가장 중요시된 것이 선정입니다.

선정禪定의 산스크리트 원어는 디야나dhyāna입니다.

디야나는 '생각한다'는 뜻을 가진 어근 '디dhi'에서 파생한 낱말로, 일반적으로 명상 또는 정려靜慮로 해석하고 있습니다. 이 디야나를 중국에서는 선나禪那로 음역하였고, 나중에 '나那'자를 생략하여 선禪 또는 선정이라 하였습니다.

처음의 선정은 지금 우리가 알고 있는 좌선坐禪이나 중국에서 확립된 조사선祖師禪과 간화선看話禪이 아니었습니다.

원래의 디야나는 차분한 마음으로 행하는 명상, 번뇌를 가라앉히는 수행, 삿된 생각을 없애어 마음의 동요를 없게 하는 것, 정신집중의 수련 등의 뜻으로 사용되었습니다. 곧 마음을 안정시키고 평온하게 하는 것이 선정수행법이요 정학定學입니다.

보다 쉽게 이야기하면 산란한 마음, 들뜬 마음, 깊지 못한 마음, 비뚤어진 마음, 간사한 마음, 교만한 마음, 원망 어린 마음들을 바로잡아 마음을 안정시키는 것이 선정입니다.

또한 외부의 사건이나 위협, 유혹 등에 동요되지 않음과 동시에, 안으로 뿌리 깊은 욕심과 일어나는 감정들을 잘 길들이고 다스려 잡는 것이 선정의 원래 뜻입니다.

부처님께서 일깨워 주신 선정, 이 선정을 최상의 수행법이라고 칭하는 참선 등으로 국한하여 생각하여서는 안 됩니다.

일반인들이 누구나 닦을 수 있는 '나의 마음을 다스리는 방법'이요 잃어버리고 있는 '나를 찾는 방법'이 선정입니다. 이를 증명하는 한 편의 이야기부터 하겠습니다.

❀

부처님께서는 녹야원에서 최초의 다섯 제자를 향해 초전법륜初轉法輪을 굴린 다음 마가다국으로 발걸음을 옮겼고, 도중에 울창한 숲으로 들어가 큰 나무 아래에서 좌선을 하였습니다. 바라나시 교외에 위치하고 있는 그 숲으로는 소풍객들이 즐겨 찾았는데, 그날도 상류층 젊은이 30명이 놀러 왔습니다.

모두들 아내와 함께 왔지만, 미혼의 한 남자만이 거리의 기녀妓女를 데리고 왔는데, 그 기녀가 문제를 일으켰습니다. 다들 놀이에 정신이 팔려 있을 때, 옷가지와 패물들을 훔쳐 도망을 쳐버린 것입니다.

뒤늦게 이 사실을 안 젊은이들은 기녀를 찾기 위해 숲속을 뒤졌고, 나무 그늘에서 좌선을 하고 계신 부처님을 만나게 되었습니다.

"화장을 짙게 하고 옷가지와 패물을 들고 가는 여자를 보지 못했습니까?"

지그시 그들의 모습을 바라보며 부처님께서는 되물었습니다.

"왜 그 여인을 찾으시오?"

그들은 자초지종을 설명하면서 '그 여자를 꼭 찾아야 한다'고 했습니다. 부처님께서는 젊은이들을 향해 조용하지만 단호한 어조로 물었습니다.

"그대들은 여자를 찾는 일과 자신을 찾는 일 중에서 어느 것이 더 급하다고 생각합니까? 잃어버린 패물이나 도망간 여자를 찾는 일이 더 중요합니까? 잃어버린 '나'를 찾는 일이 더 중요합니까?"

"잃어버린 패물이나 도망간 여자를 찾기보다는 나 자신을 찾는 일이 더 급하고 더 중요하지요."

"그렇다면 여기 앉아 나의 가르침을 들으시오."

젊은이들이 자리에 앉자 부처님께서는 참된 자기를 찾는 법과 진정으로 자기를 사랑하는 방법을 일러주었고, 설법을 들은 서른 명의 젊은이들은 그 자리에서 모두 출가하여 제자가 되었습니다.

&

이 이야기를 통하여 선정이 고차적인 수행법이 아니라, 잃고 있고 잊고 있었던 나를 찾는 방법이 선정이요, 나를 가장 사랑하는 방법이 선정임을 느낄 수 있을 것입니다.

'나를 찾는 것'은 '나를 가장 잘 살리는 것'이고, 내가 정말 살아있는 정신으로 살아갈 때 나의 삶은 살아나게 됩니다. 그러므로 무엇보다 중요한 일은 자기 자신을 찾는 일이요, 소중한 나를 그릇된 쪽으로 흘러가지 않게 지키는 일입니다.

이러한 까닭으로 부처님께서는 '나를 먼저 찾아야 한다'고 강조하신 것이며, 30명의 젊은이들에게 '사랑하는 나를 진짜로 사랑하고 잘 지켜라'고 깨우쳐주신 것입니다.

그렇습니다. 이 세상 누구에게 있어서나 가장 소중하고 절대적인 존재는 '나'입니다. 가장 사랑하는 사람도 나입니다. 이 세상 어떠한 존재에 대한 사랑도

나 다음입니다.

배우자도 연인도 부모도 자식도 부처님도 나 다음입니다. 오히려 나를 너무 사랑한 나머지, 부모에게 연인에게 부처님께도 '나를 가장 사랑해 줄 것'을 요구합니다.

스스로에게 물어보십시오.

"나보다 더 소중한 것은 무엇인가? 나보다 더 사랑하는 존재는 누구인가?"

해답은 '없다'입니다. 그러기에 중생은 나를 가장 사랑할 수밖에 없습니다.

좋습니다. 나를 가장 사랑하는 것. 나를 가장 소중히 여기는 것!

그런데 나를 진정으로 사랑하고 소중히 여긴다면 어떻게 해야 할까요? 내 마음대로, 하고 싶은 대로 하면서 살아야 할까요? 아닙니다. 마음대로가 아니라, 나를 올바로 깨우치며 살려가야 합니다.

그러나 중생에게 있어 이것은 쉬운 일이 아닙니다. 중생의 나에 대한 사랑은 나에 대한 집착이며, 나에 대한 집착은 순順과 역逆을 수반합니다. 나에게 맞고 좋으면 탐욕심을 일으키고, 나에게 맞지 않거나 거슬리면 시기하고 질투하고 배척하고 분노합니다.

'나'라는 집착의 울타리를 쳐서 스스로 갇히고, 이기적인 '내 사랑'과 어리석은 '나'의 굴레에 빠져 헤어날 줄 모른 채 정신없이 살아갑니다. 마냥 흔들리는 삶, 불안한 삶, 원망 어린 삶을 살아갑니다.

그럼 지금, 어떻게 해야 하는가?

나를 올바로 깨우치고 살리는 '참된 내 사랑의 길'로 돌아가야 합니다.

참된 내 사랑의 길로 돌아가기 위해서는 무엇부터 먼저 해야 하는가?

'나'에 대한 사랑에 도취되어 바깥에서 나에게 맞는 것을 찾고 행복을 찾고자 했던 버릇부터 고쳐야 합니다. 이것이 선정수행법이요 정학定學입니다.

사실 우리들 자신이 '나'를 올바로 살리지도 행복하게 만들지도 못하는 가장 큰 까닭은, 스스로의 진실을 찾기보다 바깥의 일에 집착하며 살아가기 때문입니다.

바깥일에 연연하다가 보면 나를 잃어버리지 않을 수 없습니다. 돈·이익·외모·사치·명예·권력·이성 등에 빠져들다 보면 저절로 '나'를 잃게 됩니다. 바깥 대상에 지나치게 끌리면 나 자신이 산산조각으로 해체되는 것입니다.

곧 대상에 빠져들어 탐욕을 일으키면 나는 없어지고 맙니다. 돈 버는 일에 몰두하다가 나를 잃고, 이성에 빠져 나를 잃고, 명예와 권력을 쫓아가다가 나를 잃고, 남과 비교하며 살다가 나를 잃고….

과연 이 결과가 무엇일까요? 허무와 손실과 몰락과 불행일 뿐이요, 바로 그때 필요한 것이 이러한 삶에서 깨어나게 하는 선정수행법인 정학定學입니다.

백년찬고지

이 정학은 결코 어려운 것이 아닙니다. 겉껍질과 겉
모양에 집착하는 삶을 버리고, 스스로를 되돌아보아
안정된 삶을 되찾으면 선정을 이룰 수 있습니다. 이와
관련된 옛 도담道談 한 편을 살펴봅시다.

❀

중국 당나라 때의 신찬선사神贊禪師는 고향에 있는
대중사大中寺로 출가하여 은사스님을 모시고 있었는
데, 은사는 당시 중국 땅에서 크게 유행을 하고 있던
참선수행은 전혀 하지 않고, 오로지 경전만을 보았으
며, 경전을 보면서도 깊은 뜻은 새기지 않고 독경만
열심히 하였습니다. 그리고 누군가가 가끔씩 읽고 있
는 경전의 내용을 물으면 제대로 된 답을 하지 못했
습니다. 신찬스님은 생각했습니다.

'저렇게 형식적으로 경전을 보면 생사를 넘어서는
대해탈을 이루기 힘들지 않을까? 나는 생사문제를 해
결하는 것이 급한데…. 다른 선지식을 찾는 것이 좋을
듯하구나.'

이렇게 작정하고 은사를 하직한 다음, 대선지식이신 백장화상百丈和尙 밑에서 수행하여 도를 깨달았고, 다시 대중사로 돌아오자 은사스님이 물었습니다.

"내 곁을 떠나가서 무엇을 익히고 왔느냐?"

"아무것도 익힌 바가 없습니다."

이 말에 산 법문이 담겨 있었지만 은사스님은 관심도 두지 않았습니다. 신찬스님이 사찰 내의 일을 돌보면서 은사를 살펴보니 예전처럼 더 큰소리를 내어 열심히 경전을 읽고 있었습니다.

'아, 은사스님은 여전히 문자에만 끄달린 채 조박糟粕만 씹고 있구나.'

'조박'은 깨로 기름을 짜고 남은 깻묵을 말하는데, 깊은 뜻은 체득하지 않고 문자만 들여다보고 있는 것이 기름은 먹지 않고 깻묵만 씹고 있는 것이나 마찬가지라는 뜻입니다.

하루는 은사가 목욕을 하다가 신찬스님에게 '등을 밀어라'고 하자, 스님은 등을 밀면서 말했습니다.

"불전佛殿은 좋은데 부처가 영검치 못하구나."

스승이 고개를 돌려 바라보자 또 말했습니다.

"영검치 못한 부처가 광명을 놓을 줄은 아는구나."

말속에 뼈가 있는 듯하였지만 스승은 깊이 생각하지 않고, 목욕을 마친 다음 평소처럼 독경을 하였고, 때마침 벌이 방으로 들어왔다가 막혀 있는 봉창으로 나가려고 애를 쓰고 있었습니다. 이를 보며 신찬선사가 게송을 지었습니다.

열린 문으로 나가려 하지 않고
봉창을 치니 크게 어리석다
옛 종이를 백 년 뚫는다 한들
어느 날에 나갈 수 있겠는가
　　空門不肯出　공문불긍출
　　投窓也大癡　투창야대치
　　百年鑽古紙　백년찬고지
　　何日出頭時　하일출두시

공덕 삼아 형식적으로 옛 종이[古紙]인 경전을 읽어서는 생사 해탈을 할 수 없다는 뜻입니다.

스승도 눈치가 없지는 않아, 목욕을 할 때 들은 말과 지금 외운 게송을 새겨보다가 문득 느꼈습니다.

'필시 신찬이가 깨달았는가 보다.'

150

그리고는 읽던 경전을 덮으며 물었습니다.

"너의 말을 듣자 하니 매우 이상하구나. 신찬아, 지난번에 나를 떠나 누구를 만났더냐?"

"저는 백장화상으로부터 쉴 곳을 가르쳐 주심을 받았습니다. 이제 은사스님의 덕을 갚으려 할 뿐입니다."

이에 스승은 대중에게 공양을 잘 차려 대접을 한 다음 신찬선사에게 법문을 청했습니다.

신령스런 광명이 홀로 빛남이여
육근과 육진을 초월한 자리로다
참된 몸이 언제나 드러나 있거늘
어찌 문자에 구속되고 끄달리랴
참된 본성은 더럽혀짐이 없고
본래 스스로 원만성취되어 있네
오직 허망한 인연만 떨쳐 버려라
곧 그대로 한결같은 부처이니라

靈光獨露 영광독로

逈脫根塵 형탈근진

體露眞常 체로진상

不拘文字 불구문자

眞性無染 진성무염

本自圓成 본자원성

但離妄緣 단리망연

卽如如佛 즉여여불

스승은 게송을 듣고 깨달아 크게 환희하였습니다.

"늘그막에 이런 지극한 법문을 들을 줄이야 누가 알았으랴!"

마음 모아 정진하라

이제 분명히 알 수 있을 것입니다. 선정이 나를 되찾는 법이라는 것을. 마음을 집중하여 번뇌를 다스리고 삼매를 이루어 진짜 나를 찾고 진정한 평화로움을 얻는 수행법이라는 것을.

그런데 나를 찾아 평화로움을 이루는 선정을 잘하기 위해서는 꼭 해야 할 것이 있습니다. 그것이 무엇인가? '마음 모으기'입니다.

그럼 마음 모으는 방법에는 어떠한 것이 있는가?

그 방법에는 여러 가지가 있습니다. 고요히 앉아 호흡에 의식을 집중하는 방법, 염불을 하거나 주문을 외우는 방법, 불경을 읽는 간경법看經法, 화두를 들면서 마음을 닦는 참선법, '지심귀명례'의 예불을 올리는 방법 등이 있습니다. 바꾸어 말하면 기도·예불·염불·간경·참선, 이 모두가 선정을 이루는 공부입니다. 번뇌를 넘어서서 마음을 맑히고 삼매三昧를 이루는 공부가 바로 '정학定學'인 것입니다.

그런데 어떤 공부 방법을 통하여 마음 모으기를 할지라도, 분명 장애가 되는 것은 **번뇌**煩惱입니다. 마음을 잘 모아 번뇌만 능히 다스리면 평화로운 삶의 경지에 이를 수 있습니다.

번뇌! 불교공부를 하는 대부분의 불자들은 '내 마음의 파도'인 번뇌를 적이나 원수처럼 생각합니다. 그리하여 번뇌와 씨름을 하고, 번뇌를 없애기 위해 몹시도 애를 씁니다.

하지만 번뇌는 파도와 같고 구름과 같은 것입니다. 참되고 한결같은 일심一心의 바다에서 바람 따라 생겨났다가 자취 없이 꺼지는 파도와 같고, 맑은 마음 하늘에 홀연히 일어났다가 스르르 흩어지는 구름과 같은 것이 번뇌입니다. 곧 번뇌는 파도나 구름처럼 고유한 실체가 없고 참다운 뿌리가 없다는 것입니다.

실체도 뿌리도 없는 파도와 구름.

그 파도를 누가 잠재울 수 있습니까? 뜬구름을 누가 흩어버릴 수 있습니까? 때가 되면 스스로 꺼지고 저절로 흩어지는 것이 파도요 구름입니다. 번뇌의 실체가 이러하거늘, 무엇 때문에 번뇌를 붙잡고 씨름합니까?

오히려 우리는 모든 번뇌들이 밖에서 온 것이 아님을 분명히 알아야 합니다. 그 번뇌가 내 마음의 바다에서 생겨난 파도요, 내 마음의 하늘에서 일어난 구름임을 알아야 합니다. 그 파도 또한 바닷물이요 구름이 생겨난 곳 역시 하늘이라는 것을 알아야 합니다.

꼭 명심하십시오. 선정을 이루는 공부를 할 때 일어나는 어떠한 번뇌도 밖에서 오는 것은 없습니다. 그런데도 우리는 선정을 이루어야 한다며 번뇌와 싸우기를 주저하지 않습니다. 왜 일심의 바다와 마음 하늘에 나타난 번뇌를 원수처럼 싫어하고 미워하고 없애려고 애를 씁니까?

실로 선정을 이루고자 하거든 지금 이 자리에서 일어나는 번뇌를 좇아가지 말고, 원래 내가 하기로 작정했던 참선이나 염불·기도·사경·독경 등으로 돌아가기만 하면 됩니다. 선정 공부에 집중하면 번뇌는 저절로 잠잠해지기 때문입니다.

모름지기 선정 공부 중에 일어나는 번뇌에는 무관심하여야 합니다. 번뇌를 없애겠다는 집착에서 벗어나, 내가 지금 하고 있는 공부에 몰두하여야 합니다.

내가 하고 있는 참선·염불·주력·경전공부·관법 등에 몰두하여 일념정진하는 것! 번뇌가 일어나면 '일어났음'만을 깨닫고 번뇌에 집착 없이 다시 원래의 공부로 돌아가 집중하는 것! 이것이 번뇌의 장애를 다스리는 최상의 비결임을 꼭 명심하시기 바랍니다.

　그리고 또 한 가지, 선정을 닦는 중에 번뇌가 심하게 일어난다고 하여 걱정을 하거나 물러나서는 안 됩니다. 왜냐하면 정학定學을 닦을 때 번뇌가 일어나는 것은 오히려 너무나 당연한 현상이기 때문입니다.
　흔히들 참선·염불·주력·사경·독경 등을 하고 있으면 평소 때보다 번뇌가 더 많이 일어난다고 합니다. 그러나 참선·염불·사경·독경 중이기 때문에 평소의 생활 속에서보다 번뇌가 더 많이 일어나는 것은 아닙니다.
　정확히 말하면 참선이나 염불이 조금씩 잘 되어가고 있기 때문에, 곧 마음이 점점 더 깨끗해지고 있기 때문에 번뇌가 평소보다 많은 듯이 느껴질 뿐입니다.
　그러므로 공부를 할 때 번뇌가 심하게 일어난다고 하여 두려워할 필요가 없습니다. 현재 하고 있는 공부가 '나'에게 맞지 않다며 포기할 것은 더더욱 아닙니다.

잊지 마십시오. 번뇌가 힘들다고 느껴지는 것은 오히려 공부가 조금씩 되고 있다는 증거입니다.

비록 마음의 파도인 번뇌가 심하게 일어나 공부를 방해할지라도, 당연한 현상으로 받아들이면서 거듭거듭 참선·염불·사경·독경·주력 등에 마음을 모아 정진해 보십시오.

뿌리 없는 번뇌가 저절로 사라지면서 차츰 삼매의 힘이 샘솟아, 고요하고 맑고 밝고 평화롭고 아름다운 경지가 모습을 드러내게 됩니다.

나의 스승인 경봉스님께서는 늘 말씀하셨습니다.

"일상생활 가운데 아홉 시간 일하고 다섯 시간 쉬고 여섯 시간 자면 네 시간이 남는데, 이 네 시간을 TV를 보거나 무료하고 한가하게 보낼 것이 아니라, 한 시간이라도 좋으니 마음을 모아 참선·염불·사경·독경·기도 등의 정진을 해야 한다. 매일 조금씩 정진을 계속하면 자신도 모르게 정신이 집중되며, 무어라고 표현할 수 없는 묘妙를 얻게 된다."

이렇게 하여 정신집중의 공부인 정학을 꾸준히 닦아

가다 보면, 판단력이 빨라지고 추리력·이해력이 깊어
지며, 마침내는 일할 때나 잠잘 때나 밥 먹을 때나 쉴
때를 가릴 것 없이 어느 때이고 정신이 집중되어 흐트
러지지 않는 일념一念의 경지에 몰입하게 되고, 근본적
으로 순수한 동심의 세계로 돌아가게 됩니다.

또한 '어떻게 살아야 하는가' 하는 인생의 노선에 대
해 확신을 할 수 있게 되어, 불안과 초조와 번민 때문
에 흔들리지 않을뿐더러, 모든 어려움을 일시에 극복
할 수 있게 되는 것입니다.

부디 참선·염불·주력·사경·독경 등을 통하여 선정
을 익히고 집중의 능력을 길러 멋진 삶을 성취하시기
를 축원드립니다.

나무아미타불.

지혜 깊은 삶은 밝다

지혜가 있으면

법문이랍시고 딱딱한 이야기를 많이 하였으니, 이번에는 재미있는 이야기로 문을 열겠습니다.

❀

옛날 한양에 살던 먀ㅂ 정승이 시골 친척 집을 찾았을 때, 안채에 있던 어른이 마당 건너의 여섯 살된 아들에게 말했습니다.

"빗자루를 가져오너라."

마침 소낙비가 쏟아지고 있었으므로, 비를 맞기 싫

었던 꼬마는 강아지를 부르더니, 강아지의 몸에 빗자루를 묶고는 궁둥이를 탁 쳤습니다. 그러자 강아지가 빗자루를 안채로 가져다주었습니다. 신기하게 여긴 먀 정승은 '데려다가 공부를 시키면 큰 그릇이 되겠다' 싶어 양자로 삼아서 서울로 데려왔습니다.

그런데 이 양자는 글을 읽지 않고 매일 노는 데만 열중하였습니다. 타이르고 꾸짖어도 그때뿐, 도무지 글을 읽으려 하지 않았습니다. 글을 잘해야 과거를 볼 수 있을 텐데, 놀기만 하니 늘 걱정이었습니다.

하루는 먀 정승이 양자에게 수수쌀 한 말을 내밀며 물었습니다.

"내가 어디 다녀올 터인데, 그동안에 이것을 전부 셀 수 있겠느냐?"

"셀 수 있습니다."

정승이 해 질 녘에 돌아와서 아들을 불러 '수수쌀이 몇 낱이더냐'고 물으니 얼마라고 척 대답하는 것이었습니다. 정승은 '아들이 어떻게 하는지를 지켜보라'고 분부하였던 몸종을 불러 물었습니다.

"어떻게 하더냐?"

"예, 한나절이 지나도록 동네 아이들과 장난을 치며

놀다가 점심 먹을 때쯤 들어오더니, 수수쌀을 한 그릇 가득히 담아 저울에 달아서는, 하인 수십 명을 불러 몇 알이 되는지를 세라고 하였습니다. 그리고 한 그릇의 수수쌀 수효를 안 뒤에는, 한 말이 몇 그릇이 되는지를 계산하여 수수쌀의 수효를 맞추어 놓았습니다."

'굳이 공부를 하라고 재촉하지 않아도 사람 구실을 할 놈이구나.'

이렇게 파악한 정승은 그날부터 아들이 노는 것을 내버려 두었습니다.

아들은 스무 살에 과거를 보러 갔습니다. 다른 선비들은 글을 짓는다고 야단들인데, 그는 옆의 선비에게 흰 비단 위에다 '신이충보국臣以忠報國(신은 충성으로써 나라에 갚겠습니다)'이라 써달라고 했습니다. 그리고 그 글을 들고 과거장에 온 임금님 앞을 왔다 갔다 했습니다. 임금은 그것을 보고 생각했습니다.

'신하 되고 백성 되어 충성으로써 나라에 갚으면 그뿐, 아무리 글을 잘하여도 충성이 없으면 무엇하겠는가? 젊은이가 참으로 가상하구나.'

임금이 불러 대화를 나누어 보고는 수원의 화성華城

을 지키는 유수留守라는 벼슬을 내렸습니다.

먀 유수가 경기감사에게 부임 인사를 하러 가자, 감사는 새파랗게 젊은 놈이 수원의 화성 유수가 되어 온 것이 너무나 같잖아 놀려 먹기로 작정을 하고, 기생을 불러 은밀히 지시했습니다.

"수원 유수가 대청으로 인사하러 올라설 때 등을 툭툭 치면서, '어떤 사람이 이렇게 잘생긴 자식을 낳았노. 나도 이런 자식을 낳으면 얼마나 좋을까?'라고 해라. 그리고 인사를 마치고 나갈 때 도포 자락이 문에 걸리도록 닫고는 '꼬리가 치였습니다'라고 해라."

"아이고 쉰네가 그렇게 말하였다가는 죽음을 면치 못할 텐데 어떻게 합니까?"

"안 죽도록 할 터이니 염려 말아라."

하는 수 없이 기생은 유수가 대청에 올라설 때 등을 툭툭 치면서 감사가 시키는 대로 말했습니다.

"어떤 사람이 이렇게 잘생긴 자식을 낳았노? 나도 이런 자식을 낳으면 얼마나 좋을까?"

"네 이년, 나 같은 자식을 낳아서 무얼 해? 이왕이면 도백 같은 자식을 낳아라."

도백은 감사를 이르는 말입니다. 그는 기생의 말이

감사가 시켜서 한 것임을 벌써 간파하고, 감사에게 그 욕을 돌려주었던 것입니다.

또 인사를 하고 나갈 때 기생은 문을 탁 닫아 도포 자락이 걸리게 했습니다.

"꼬리가 치었습니다."

"네 이년, 마구간을 크게 짓지."

마구간은 소나 말을 매어두는 집인데, 감사의 방이 그만 마구간이 되고 말았습니다.

시험을 하려다가 두 번 다 욕을 먹게 된 감사는 '나이는 어리지만 여간이 아니어서 치민치정을 잘할 것'이라는 믿음이 생겼습니다.

이후 조정에 어려운 일이 있어 그를 불러 의논하면 어떻게 처리할 것인지를 거침없이 말하였는데, 그대로 하면 아무리 어렵고 복잡미묘한 일도 순조롭게 풀렸습니다.

왕은 그때마다 크게 기뻐하였고, 그의 벼슬은 자꾸 올라 일인지하一人之下에 만인지상萬人之上인 영의정이 되었습니다.

또한 지혜로운 정승 덕분에 온 나라는 태평성세太平盛世를 누렸다고 합니다.

학문을 제대로 익히지 않고 글을 몰라도, 지혜가 있으면 나의 영화는 물론이요 주위의 모든 사람들까지 평화롭고 즐겁게 살 수 있게 합니다.

그러므로 나도 잘살고 남을 능히 이롭게 하는 삶을 살려면 지혜를 길러야 합니다. 지식 연마에 몰두하기보다는 지혜를 개발하는 것이 참으로 중요하며, 크게 지혜로워져야 모든 장애를 넘어서서 해탈을 할 수 있기 때문에, 부처님께서는 계·정·혜 삼학三學 중 지혜를 발현하는 공부인 혜학慧學을 끝에 두신 것입니다.

지혜란

혜학의 '혜慧'를 인도에서는 반야般若라고 하였습니다. 중국학자들은 이 반야를 '지智', '혜慧' 또는 '지혜智慧'로 옮겼습니다. 그러나 반야가 한자의 '지·혜·지혜'와는 차원이 다르다는 것을 주석으로 붙여서 강조한 다음, 반야를 '대지혜大智慧'라고 번역하였습니다.

이 대지혜는 배워서 익히는 지식知識과는 많이 다릅니다. 배워서 익히는 지식은 무엇을 분별하여 아는 힘을 길러주므로 **분별지分別智**라고 합니다. 곧 양지와 그늘, 선과 악, 아름다움과 추함 등 모든 사물을 차별하고 구별하는 상대적인 지식입니다.

따라서 분별지는 이분법으로 너와 나를 갈라놓고, 너의 존재를 될 수 있는 한 나에게로 예속시키려고 합니다. 내 것은 될 수 있는 한 아끼고 칭찬하고 좋게 보려고 하는 반면, 남의 것을 헐뜯고 욕하고 미워하게 만듭니다.

이러한 이분법적 논리에 의한 분별지는 참다운 지혜가 아닙니다. 오히려 분별지는 나와 남, 우리와 이웃,

나의 소유와 남의 소유가 분명히 갈라지는 '앎'이 될 뿐입니다.

따라서 우리로 하여금 '나' 중심적인 집착을 앞세우게 만들고, '나' 중심적인 집착이 극단화되면 남과 이웃의 인격을 무시하고 멸시하는 아만我慢·증상만增上慢 등의 악덕을 낳습니다.

이것을 불교에서는 '치痴'라고 합니다. 삼독三毒의 하나인 치는 글자의 의미 그대로 앎의 병, 곧 잘못된 앎입니다. 바꾸어 말하면 모든 것을 분별하고 둘로 갈라놓은 채로 '판단判斷'을 합니다.

우리가 잘못된 앎[分別智]에 사로잡혀 모든 것을 분별하고 갈라놓기 시작하면 둘은 넷으로, 넷은 여덟으로, 여덟은 열여섯으로 무한히 나누어지게 됩니다. 그래서 쓸데없는 생각이 끝도 없이 이어집니다.

이렇게 분별을 하며 미로에서 방황하는 동안 해가 가고 달이 기울어 죽음의 문턱에 이르게 되며, 어둡고 어리석은 무명無明의 세계가 주위를 감싸버립니다.

반야의 지혜는 이와 같은 분별지와 구별되는 **무분별지無分別智**입니다. 사리를 분별 못 하는 무분별의 상태가 아니라, 자아중심적인 분별을 지양하고 넘어선 무분별지입니다.

또한 이 반야지의 밝음은 내 나름대로의 적당한 밝음이 아니라 완전무결한 밝음이요, 그림자까지도 비추어주는 밝음입니다. 낮이 있고 밤이 있는 달의 밝음이 아니라, 낮과 밤, 양지도 음지도 없는 태양 자체의 밝음입니다.

음과 양이 있는 나의 분별지, 둥글게 보이다가도 기울어 없어지는 달의 지혜가 아니라, 언제 어느 곳에서나 항상 밝은 빛을 비추는 해의 지혜입니다.

어둡고 어리석은 무명無明과 치痴를 파괴하는 것은 태양처럼 빛나는 무분별지의 밝음밖에 없습니다.

그래서 이 지혜를 중국의 한역자들은 일반적 지혜와 혼동할 우려를 피하기 위해 '반야Prajna'라고 음역하였고, 이 반야지를 '무분별지'라 한 것입니다.

이 무분별지는 나름대로의 판단 작용이나 생각이 사라지고 시시비비가 모두 끊어져야 나타납니다. 만약 우리의 지혜가 분별에 막혀 버리면 모든 것을 평등하게 볼 수 있는 능력을 잃고 맙니다. 그리고 분별의 벽에 막혀서 전체를 보지 못하게 되면, 이 고해의 바다에서 난파될 위험에 직면하게 됩니다.

정녕 우리가 참다운 혜학을 성취하고자 하면 이 분별지와 무분별지에 대해 잘 알아야 합니다. 그리하여 무분별지를 자꾸자꾸 익혀서 자리이타自利利他의 크게 지혜로운 삶을 펼쳐가야 하며, 이것이 혜학을 닦게 하신 부처님의 참뜻입니다.

네 가지 큰 지혜

그럼 혜학을 제대로 닦아가면 어떠한 지혜를 성취하게 되는가?

부처님께서는 나와 남에 대한 집착을 비우는 무분별의 혜학을 잘 닦게 되면 네 가지 지혜[四智]를 이룬다고 하셨는데, 나의 스승인 경봉鏡峰(1892~1982)스님께서는 이 네 가지 큰 지혜를 다음과 같이 해설하셨습니다.

첫째는 **대원경지**大圓鏡智입니다. 크고 둥근 거울과 같이 삼라만상을 모두 비추고 세상의 만법을 있는 그대로 보는 지혜이기 때문에 대원경大圓鏡의 지혜라고 합니다.

비고 고요하고[空寂] 청정하고 담담하고 밝은 자성自性 자리의 지혜로, 모든 사람이 다 간직하고 있습니다. 그러나 망상 때문에 이 지혜가 발현이 되지 못합니다.

우리는 일상생활 속에서 갖가지 생각과 산란한 망상을 일으키며 살아가고 있기 때문에, 있는 그대로를 보지 못하고 뒤바뀐 삶을 살아가고 있습니다.

하지만 정신을 집중하는 참선·염불 등의 공부를 쌓아가면, 망상이 사라져서 고요하고 텅 빈 공적空寂의 마음을 갖게 되며, 마음이 고요해지면 뚜렷이 밝아져서 원래의 대원경지를 회복할 수 있게 된다고 합니다.

불의 특성은 뜨거운 것이고, 물의 특성은 젖는 것이며, 소금의 특성은 짠 것입니다.

그럼 사람의 특성은 무엇인가? 느끼고 아는 것입니다. 이 특성에 의해 육근六根으로 육경六境을 보고 듣고 냄새 맡고 맛보고 느끼고 생각하면서, 분별하고 물든 삶을 살아가고 있습니다. 하지만 본래 청정한 우리의 본성은 물들지 않습니다.

그러므로 '내가 지금 자꾸 분별하고 물든 삶을 살아가고 있다'는 것이 느껴지면 비움에 필요한 방편부터 먼저 닦아야 합니다.

곧 생엿을 만질 때 밀가루를 바르고, 옻칠을 할 때 참기름을 바르면 엿과 옻이 손에 묻지 않는 것처럼, 집착을 비우는 방편을 잘 구사하면 지혜가 생겨나서 분별이 사라지고 물들지 않는 삶을 살 수 있게 됩니다.

둘째는 **평등성지**平等性智로, '나와 남을 비롯한 모든 존재가 평등하다'는 것을 깨우쳐 주는 지혜입니다.

사람은 누구나 평등합니다. 사람만이 아니라 살아 있는 존재는 모두 평등합니다. 그런데 우리는 차별하기를 좋아하며, 차별과 나의 특별함 속에서 행복을 느끼고자 합니다. 그러나 이 차별이 병을 만든다는 것을 아는 이는 드뭅니다.

사람이 왜 가슴이 답답하고 머리가 아픈가? 마음에 차별하고 집착하는 병이 있기 때문이요, 이 병 때문에 늙음을 재촉하게 됩니다.

외부의 모든 것에 대해, 사랑하고 미워하고 취하고 버림〔憎愛取捨〕을 일으키지 않으면 모든 근심 걱정이 사라지고, 병과 불행이 없어집니다. 그러나 대단한 수행을 쌓지 않으면 사랑하고 미워하고 취하고 버리는 일에 초연超然하기가 쉽지 않습니다. 하지만 사랑하고 미워하는 마음만 공하여지면 평등성지를 얻을 수 있습니다.

부처님께서는 일체의 법이 본래 공하고 모든 중생이 본래 평등하다는 것을 아셨기 때문에, 중생의 근기에 맞는 설법을 하여 모두를 평등한 자리로 들어가게끔 가르쳤습니다.

　"모든 중생에게는 부처와 조금도 다를 바가 없는 평등한 성지性智가 있다. 하지만 스스로가 일으킨 분별 때문에 막힘이 생겨나고 걸림이 생겨나서 평등성지에 들어가지 못하고 있다. 이제부터 수행을 하여 사랑함과 미워함, 취하고 버림을 제거하면, 이 평등성지를 구현할 수 있다는 것을 잊지 말아라."

　이것이 부처님의 간곡한 가르침입니다.

　셋째는 **묘관찰지**妙觀察智입니다. 이 묘관찰지란 비공非功, 곧 힘을 들이지 않고 관찰하는 것입니다. 이 지혜는 어지러운 생각이나 걸리고 막힘이 없는 자재自在한 지혜로, 모든 대상의 겉모습부터 뿌리까지를 능히 관찰하기 때문에 묘관찰지라고 합니다.
　누가 어떤 일을 하든지 그 내용을 잘 알아야 일 처리를 지혜롭게 할 수 있고, 마음이 산란하거나 어지럽혀지지 않습니다. 그러므로 묘하게 관찰하는 지혜를 활용하여 원리를 꿰뚫어 보고 일을 처리해야 합니다.

부처님께서는 이 묘관찰지로 중생의 근기가 어떠한지? 그들이 무엇을 원하고 무엇을 즐거워하는지를 관찰하신 다음, 막힘없이 온갖 오묘한 법을 말씀하시어 중생들로 하여금 깨닫게 하고 대안락大安樂에 들어가게 하셨습니다.

넷째는 **성소작지**成所作智입니다. 농사를 짓든지 상업을 하든지, 그때그때 당면한 현장 상황에 따라 지혜롭게 대처하여야 일들이 잘 성취될 수 있는데, 이와 같은 대처 능력이 '짓는 바를 성취시키는 지혜'인 성소작지입니다.

곧 우리들의 감각기관인 눈·귀·코·혀·몸을 지혜롭게 움직여, 하는 일을 잘 성취시키라는 것입니다.

부처님의 입장에서 보면 모든 중생을 즐겁고 이롭게 하기 위해 여러 가지 신통변화를 나타내셔서, 중생으로 하여금 성스러운 도[聖道]에 들게 하고, 중생의 원하는 바 소원을 이루게 하는 것을 성소작지라 칭하고 있습니다.

혜학을 성취하기 위해서는

이러한 대지혜의 체득은 결코 어렵기만 한 것이 아닙니다. 우리의 번뇌로운 생각들을 성실하게 다스리고 집착을 비우면 됩니다.

진실로 이 혜학을 성취하기 위해 지금 우리에게 필요한 것은, '조금 더 노력하겠다'는 의지입니다. 달리 말하면 '내가 나를 다스리는 것'입니다.

부처님께서 우리에게 강조하신 가르침은 지옥이나 극락이 아닙니다. 끝내는 '반야'입니다. '누구든지 반야의 지혜를 체득하라', '깊은 지혜의 삶을 살아라'는 것입니다.

그렇게 살기 위해서는 내가 나를 다스릴 줄 알아야 합니다. 그리고 내가 나를 잘 가꾸려면, 조금 힘들고 고달프고 괴롭다고 하여 그 감정에 끄달려 가면 안됩니다.

이 세상은 으레 괴롭기도 하고 힘들기도 하며, 고달플 때도 있는 세상입니다. 세상이 그러한데 그러한 세상을 싫어한들 별수가 있겠습니까? 그 속에서 잘하면 됩니다. 내가 나를 다스리면서 적절히 하면 됩니다.

나를 잘 다스리고 지키는 것! 그것이 반야요 지혜입니다. 내가 나를 깊이 있게 들여다보고 내가 나를 잘 다스리며 닦아가는 것! 그것이 반야바라밀의 삶입니다.

　불자들은 답답하고 어려울 때 절에 가서 기도를 합니다. 그런데 옆에서 절을 많이 하는 사람을 보면, 자신도 그렇게 하고 싶어 함과 동시에 걱정도 합니다.
　'저렇게 절을 많이 하면 다리가 얼마나 아플까? 무릎이 상하지는 않을까?'
　그렇습니다. 다리가 심하게 아프고 무릎이 상하고 관절염이 걸릴 수도 있습니다. 하지만 나의 결심이 바로 서면 아픈 다리도 능히 극복이 되고, 무릎이 상하지도 않습니다. 문제는 나의 자세요, 내가 나를 어떻게 다스리느냐에 있습니다.
　그러므로 기도를 욕심으로 해서는 안 됩니다. 성실하고 깊이 있게 해야 합니다. 그것이 진짜 기도입니다. 내가 성실하고 깊이 있게 '할 수 있는 기도'를 하는 것이 '내가 나를 잘 다스리는 지혜로운 행'이 되며, 반야를 실천하는 삶으로 이어지는 것입니다.

이 기도처럼, 생활이나 가정에도 '반야'로 임하여 보십시오. 성실하고 깊이 있게 임하여 보십시오. 분별과 이기심을 넘어서는 무분별의 반야로 지혜롭게 살아가면 모든 것이 다 해결됩니다.

만약 반야바라밀이 잘 되지 않으면 입으로 또는 마음속으로 '마하반야바라밀'을 외쳐보십시오. '마하반야바라밀'을 염불 삼아 외워 보십시오. 차츰 무분별지가 생겨나고 반야바라밀의 삶이 펼쳐지게 됩니다.

그리고 하루 한 번씩이라도 꼭 스스로를 돌아보십시오. 스스로를 돌아보면서 사경·독경·주력·염불 등의 기도를 하면 성취가 참으로 빨리 다가섭니다. 소원성취·영가천도·자녀의 합격과 출세 등이 거뜬하게 이루어집니다. 왜? 이것이 바로 반야의 기도이기 때문입니다.

명심하십시오. '내가 이렇게 살고 있고 이렇게 실천하고 있다'는 것을 또렷하게 생각하고 있는 사람이라면 반야바라밀을 실천하는 사람입니다. 혜학을 통하여 깊은 반야를 체득하며 사는 것이야말로 참인간으로 사는 길입니다. 참인간이 되는 길입니다.

부디 부처님의 가르침을 기준으로 삼아 열심히 반야를 닦는 불자가 됩시다. 그렇게 하면 내가 노력한 만큼 부처님께서 응해주시고 깨달음을 주십니다. 나의 자성 속에 있는 대원경지·평등성지·묘관찰지·성소작지 등의 지혜가 저절로 샘솟아, 크나큰 행복의 세계가 눈앞에 펼쳐집니다.

옛 성인들은 말씀하셨습니다.

"있는 그대로를 볼 수 있으면 기뻐할 것도 없고 슬퍼할 것도 없다."

실로 그러합니다. 우리는 있는 그대로를 있는 그대로 보지 못하고, 있는 그대로를 있는 그대로 받아들이지 못합니다. 모든 것을 '나' 중심으로 보고 느끼고 받아들이는 것입니다. 그렇기 때문에 스스로가 불러일으킨 감정에 휘말려서 기쁨과 슬픔, 즐거움과 괴로움을 수시로 겪으면서 살아가게 됩니다.

하지만 '있는 그대로'를 볼 줄 알고 받아들일 줄 알면 능히 모든 감정사건은 넘어설 수 있습니다. 그야말로 반야의 지혜가 있으면 자유롭고 흔들림 없는 삶을 살아갈 수 있게 되고, 지혜의 향기를 어느 곳에나 가득 차게 할 수 있습니다.

이제 이 혜학에 대한 글을 끝으로 삼아, 〈삼보와 삼학〉에 대한 법문을 매듭짓습니다. 결코 쉽기만한 글이 아니건만 끝까지 읽어주신 분들께 감사드리며, 앞으로 또 다른 시절에 좋은 인연을 맺게 되기를 기원하면서, 마지막 당부의 말씀을 드립니다.

부디 진중하게 한 번 생각을 해보십시오.
내가 이 세상을 얼마나 살 수 있겠는지를?
지금까지 살아오면서 무엇을 하였는지를?
어떤 일로 남을 이롭게 하고 즐겁게 해주었는지를?

그리고 내가 가야 할 길을 잘 정립하여, 참으로 법답고 지혜롭게 살아가시기를 두 손 모아 축원 드립니다.
나무아미타불.

많이 찾는 기도 독송용 경전

✿

한글『법화경』과『법화경 한글사경』

불교 최고 경전인 법화경! 이 경을 독송하고 사경해 보십시오.
소원성취는 물론 깨달음과 경제적인 풍요까지 안겨줍니다.

법화경 (독송용) 김현준 역   4x6배판 총 22,000원
전3책 제1·2책 176쪽 7,000원 제3책 192쪽 8,000원

법화경 한글사경 김현준 역   4x6배판 총 22,500원
전5책 각권 120쪽 내외 권당 4,500원

지장경 김현준 편역   4×6배판 208쪽 8,000원

이 책은 지장기도를 하는 분들을 위해 ① 지장경을 처음부터 끝까지 1번 독송,
② '나무지장보살'을 천번염송,   ③ 지장보살예찬문을 외우며 158배,
④ '지장보살'천번 염송의 4부로 나누어 특별히 만들었습니다.
지장경 독경 및 지장보살예참과 염불을 할 때, 각 장 앞에 제시된 기도법에 따라
기도를 하면, 영가천도·업장소멸·소원성취·향상된 삶을 이룩할 수 있습니다.

자비도량참법 / 김현준 역   양장본 528쪽 22,000원
참되이 참회하시기를 원하십니까? 자비도량참법 기도를 하면 나의 허물과 죄업의
참회에서 시작하여 부모 스승 친척 등 육도 속을 윤회하는 온 법계 중생의 업장과
무명까지 모두 소멸시켜주며, 자비가 충만해지고 환희심이 넘쳐나게 됩니다.

원각경 / 김현준 편역   4×6배판 192쪽 8,000원
한국불교의 근본 경전인 원각경을 수십 차례 번역·수정·윤문하여 쉽게 이해할 수 있도록 하
였습니다. 한글과 원문을 바로 옆에 두어 대조하며 읽을 수 있습니다.

유마경 / 김현준 역   4×6배판 296쪽 12,000원
보살의 병, 불도란 어떤 것인가? 깨달음의 세계로 들어가는 불이법문, 참된 불국토를 건설하는
방법 등등 매우 소중한 가르침들을 가득 담고 있는 이 경을 읽다보면 마음이 탁 트입니다.

승만경 / 김현준 편역   4×6배판 144쪽 5,500원
여인의 성불 수기와 함께 승만부인의 서원, 정법·번뇌·법신·일승·사성제·자성청정심·여
래장사상 등을 분명히 밝힌 보배로운 경전입니다.(한글 한문 대조본)

보현행원품 / 김현준 편역   4×6배판 112쪽 4,500원
행원품과 예불대참회문을 함께 실어 독경 후 행원품에 근거한 정통 108배를 행할 수 있도록
만들었으며, 독송 방법과 대참회의 의미 등도 상세히 설명하였습니다.

밀린다왕문경 / 김현준 편역   신국판 204쪽 7,000원
그리스 왕인 밀린다와 불교 승려인 나가세나가 인생과 불교에 대해 대론한 것을 정리한 경전.
윤회·업·수행·지혜·해탈 등에 대한 조리정연한 번역이 신심을 더욱 불러일으킵니다.

● 아름다운 우리말 경전 시리즈 ●

〈가지고 다니면서 틈틈이 읽게 되면 독송과 기도에 큰 도움이 됩니다〉

금강경 / 우룡스님 역 　　　　　　국반판 100쪽 2,000원
'금강경을 우리말로 보급하겠다'는 원력에 의해 제작된 책.

관음경 / 우룡스님 역 　　　　　　국반판 100쪽 2,000원
관음경의 번역과 함께 관음기도와 염불법에 대해 자세히 설한 책.

보현행원품 / 김현준 편역 　　　　　국반판 100쪽 2,000원
보현보살의 십대원을 설하여 참된 보살의 길로 이끌어주는 책.

약사경 / 김현준 편역 　　　　　　국반판 100쪽 2,000원
한글 번역과 함께 약사기도법과 약사염불법에 대해 자세히 설한 있는 책.

지장경 / 김현준 편역 　　　　　　국반판 196쪽 3,500원
편안한 번역으로 쉽게 이해할 수 있도록 하였으며, 기도법도 자세히 수록한 책.

부모은중경 / 김현준 역 　　　　　국반판 100쪽 2,000원
부모님의 은혜를 느끼며 기도를 할 수 있게 엮은 책.

초발심자경문 / 일타스님 역 　　　　국반판 100쪽 2,000원
신심을 굳건히 하고 수행에 대한 마음을 불러일으키게끔 하는 책.

법요집 / 불교신행연구원 편 　　　　국반판 100쪽 2,000원
법회와 수행 시에 필요한 각종 의식문, 좋은 몇 편의 글들을 수록한 책.

선가귀감 / 서산대사 저·용담스님 역 　국반판 160쪽 3,000원
선수행 뿐 아니라 참회 염불 육바라밀 등 불교의 요긴한 가르침을 담은 책.

금강경 / 우룡스님 역 　　　　　　4×6배판 112쪽 4,500원
책 크기만큼 글씨도 크게 하고 한자 원문도 수록하였으며, 독송에 관한 법문도 첨부하였습니다. 사찰 및 가정에서의 독송용으로 매우 좋습니다.

아미타경 / 김현준 편역 　　　　　4×6배판 92쪽 3,500원
아주 큰 활자 번역본으로, 독경 및 '나무아미타불' 염불 방법을 함께 실었습니다. 사찰에서 대중이 함께 독송할 때 또는 집에서 독송할 때 매우 유용합니다.

무량수경 / 김현준 역 　　　　　　4×6배판 176쪽 7,000원
아미타불은 어떠한 분이며, 극락의 장엄과 멋과 행복은 어떠한가? 극락에 왕생하려면 현생에서 어떻게 닦아야 하는가를 자세하게 설하고 있어, 독송을 하면 신심이 깊어집니다.

약사경 / 김현준 편역 　　　　　　4×6배판 100쪽 4,000원
아주 큰 활자로 약사경 한글 번역본을 만들었습니다. 약사경 독경 방법 및 약사염불법도 함께 실어 기도에 도움이 되도록 하였습니다.

관음경 / 우룡스님 역 　　　　　　4×6배판 96쪽 4,000원
커다란 글씨의 관음경 해설과 함께 관음경의 원문과 독송법, 관음 염불 방법 등을 수록하여 관음경의 가르침을 쉽게 이해하도록 하였습니다.

천지팔양신주경 / 김현준 역 　　　4×6배판 96쪽 4,000원
건축·결혼·출산·사업·죽음 등 평생의 삶 중에서 중요한 때마다 이 경을 3~7번 독송하면 크게 길하고 이롭고 장수하고 복덕을 갖추게 된다고 합니다.

알기 쉬운 경전 해설서

❀

생활 속의 반야심경 / 김현준   신국판   240쪽   8,000원
공空의 의미, 모든 괴로움의 원인과 괴로움에서 벗어나는 방법, 색즉시공 공즉시색의 참뜻, 걸림 없고 진실불허한 삶을 이루는 방법 등을 반야심경의 경문을 따라 쉽고 상세하고 재미있게 풀이하고 있습니다.

화엄경 약찬게 풀이 / 김현준   신국판   216쪽   7,000원
불자들이 자주 독송하는 화엄경약찬게! 화엄경약찬게를 그냥 읽으면 참으로 어렵고 무슨 내용인지 알 수 없지만 이 풀이를 본 다음에 읽으면 약찬게를 명확히 파악할 수 있게 될 뿐 아니라 화엄경의 내용까지 꿰뚫어 환희심이 샘솟고 대화엄의 세계에서 노닐 수 있게 됩니다.

생활 속의 천수경 (개정판) / 김현준   신국판   240쪽   8,000원
천수관음이 출현하신 까닭, 천수관음을 청하는 법과 가피를 얻는 법, 신묘장구대다라니의 풀이와 공덕, 찬탄의 공덕과 참회성취의 비결, 준제기도 및 주요 진언 속에 깃든 의미, 여래 십대발원문 사홍서원 삼귀의 의미 등을 상세히 풀이하였습니다.

생활 속의 금강경 / 우룡스님   신국판   304쪽   9,000원
금강경의 심오한 내용을 알기 쉽게 풀이하고 일상생활과 접목시켜 강설함으로써 삶의 현장에서 금강경의 가르침을 능히 응용할 수 있도록 하였고, 감동을 주는 일화들을 많이 삽입하여 재미를 더해주고 있습니다.

생활 속의 관음경 / 우룡스님   신국판   240쪽   8,000원
관세음보살보문품인 관음경을 통하여 관세음보살의 본질, 일심칭명과 재난 소멸법, 공경 예배와 소원 성취법, 관세음보살을 관하는 법 등에 대해 여러 가지 영험담과 함께 감동적으로 풀이하고 있습니다.

생활 속의 보왕삼매론 / 김현준   신국판   240쪽   8,000원
『보왕삼매론』을 해설한 이 책은 병고 해탈, 고난 퇴치, 마음공부와 마장 극복, 일의 성취, 참사랑의 원리, 인연 다스리기, 공덕 쌓는 법, 이익과 부귀, 억울함의 승화 등 누구나 인생살이에서 겪게 되는 장애들을 속 시원하게 뚫어주고 있습니다.

선가귀감(한글 한문 대조본) / 서산대사 저 김현준 역   4X6배판   136쪽   5,500원
조선시대 최고의 고승인 서산대사께서 선禪에 대한 다양한 가르침을 중심에 두고 참회·염불·계율·육바라밀·도인의 삶 등을 간결하게 설하여 불자들의 신심과 정진에 큰 도움을 주는 소중한 책입니다. 읽으면 읽을수록 쾌락함과 깊은 맛을 느낄 수 있습니다.

육조단경(덕이본德異本) 증보개정판 / 김현준 역   4X6배판   208쪽   8,000원
육조 혜능대사께서 설한 선종의 근본 경전으로, 인간의 참된 본성을 보게 하여 마음을 치유하고 깨달음을 열어줍니다. 계속 정독하면 영성이 깨어나고 대자유인이 될 수 있습니다. 증보개정판을 내면서 한글 번역 옆에 한자 원문을 붙여 뜻을 잘 이해할 수 있도록 하였으며, 글씨를 조금 더 크고 뚜렷하게 하여 읽기 좋도록 하였습니다.

허공에 핀 꽃 원산스님 대표 법어집   200쪽 6,500원

인생이란?·인연 그리고 업회 풀기·육도 윤회·행복과 불교·복 짓는 법· 믿음과 원·집중력과 기도성취·천도를 위한 기도 등에 대해 진솔하고 쉽고 편안하게 설한 이 법어집을 읽어보십시오. 깊은 감동과 함께 복이 깃들고 평화로움과 지혜로운 삶을 이룰 수 있습니다.